JN069331

がんばらない、無理しない

いちばんおいしい野菜の食べ方

飛田和緒

本書は5年間続けさせていただいた連載を一冊にまとめたものです。撮影とはいえ、毎回旬の野菜のおいしさに感激し、定番の料理から、新たに挑戦するものまで、数多くのレシピが生まれました。その中で実感したのは、たくさんの材料をそろえたり、調味料を合わせなくても、おいしいものができること。予定していた調味料が一つ二つ消え、味つけがシンプルになったり、調理も鍋ひとつ、フライパンひとつでできるものが増えました。

1章でご紹介したのは、うちでは定番の野菜の食べ方。たとえば揚げものは、私にとっていちばん手のかからない調理方法。常に野菜の素揚げや天ぷら、フライができるようにキッチンに揚げ油やころもの用意は欠かしません。また、蒸しものもじつはすごく簡単。せいろや蒸し器さえあれば、野菜を放り込んでおくだけ。蒸す間に調味料を合わせてたれを作り、あつあつの野菜に合わせてほおばります。わが家はせいろをよく使いますが、これもしまい込まずにすぐに手にとれるところにスタンバイしています。いつでも使えるように道具がそばにあることも、無理せず料理することにつながるのではないかと思っています。

2章や3章では、野菜一つ二つでできるシンプルな

料理をたくさん集めました。調味料が少なく身近な味で、でもちょっとした工夫で驚くほどおいしくなったり、目新しく感じたり。野菜がおいしければ、なんとでもなる。無理しなくても野菜がおいしいほうへと導いてくれるんです。冷蔵庫に必ず買い置きしている卵、しらすや梅干し、ちくわなどは野菜と合わせると味出しになって、野菜のうまみを引き出してくれる大好きな素材。好きな素材と野菜を組み合わせれば、限りなくバリエーションが生まれます。「好きなものどうしを組み合わせれば、必ずおいしいものができる」というのが私の持論。これを信じて、新しい組み合わせを日々楽しんでいます。

ある先輩編集者のかたから言われた言葉がずっと心に残っています。それは「ひと昔前よりも格段に素材の味がおいしくなっていて、食べやすくなった」ということ。野菜にしても肉にしても生産過程がどんどん進化しており、より扱いやすく、そのまま食べておいしいと思えるものが増えてきました。だから、調理も味もシンプルになるのは当然のことなのかもしれません。おいしい野菜をよりおいしく。そんな料理を作りつづけていきたいです。

飛田和緒

いちばんおいしい野菜の食べ方

がんばらない、無理しない

飛田和緒

6

第3章 野菜＋常備食材で手軽においしく

この本の統一表記について
● 大さじ1は15ml、小さじ1は5ml、1カップは200mlです。1ccは1mlです。
● フライパンは特に記載のない場合、直径26cmのものを使用しています。
● 電子レンジの加熱時間は600Wのものを基準にしています。500Wの場合は1.2倍を、700Wの場合は0.8倍を目安に加熱時間を調整してください。なお、機種によって多少異なる場合もあります。
● オーブン、オーブントースターの焼き時間はあくまでも目安です。様子をみながら加熱してください。
● 落としぶたは、アルミホイルやオーブン用シートを鍋またはフライパンの直径に合わせて切ったものを使っています。
● 材料に「油」とあるものは、米油(P113参照)や菜種油など、あまり香りの強くないものをさします。「砂糖」は上白糖やさとうきび糖です。好みのものを使ってください。
● 揚げ油の温度は中火で2〜3分油を熱してから、乾いた菜箸を入れてその様子で判断します。
　中温(170〜180℃)＝菜箸からすぐに細かい泡がまっすぐ出る。

第1章
私が好きな野菜の食べ方

私が「野菜を食べたい！」と思ったときに、食卓によく登場させる4つの食べ方を紹介します。

鍋もの、ご飯、揚げもの、そして蒸し料理。

この4つの調理法の共通点は「いつの間にか野菜がたっぷりとれること」。

肩ひじ張らずに作れるし、だれもが喜ぶ味だから、

自然とたくさんおなかに納まってしまうの。

家族が野菜をもりもり食べる姿を見るのも、楽しみのひとつです。

ご飯

「お米好きな私にとって、
旬の野菜で作るご飯料理は、
何よりのごちそう」

鍋もの

「簡単で野菜を
無駄なく使えて、温まる。
わが家ではどの季節も
欠かせない存在」

蒸し料理

「野菜の風味をぎゅっと凝縮。
究極のシンプルさが
作りつづける理由」

揚げもの

「おうちだからこそ、
揚げたてを。
おつまみとしても
活躍させて」

一年じゅう鍋が好き

簡単でおいしい鍋ものは、冬だけといわず一年じゅう食べたい。何度作ったかわからないくらい、わが家で定番の3種をご紹介します。

材料（2〜3人分）
豚ロース薄切り肉（しゃぶしゃぶ用）
‥‥‥‥‥‥‥‥‥‥‥‥ 200g
ねぎ‥‥‥‥‥‥‥‥‥‥‥‥ 4本
好みのだし汁（昆布あごだし〈下記参
照〉など）‥‥‥‥‥‥‥ 4カップ
魚醤（P113参照、またはナンプラー）
‥‥‥‥‥‥‥‥‥‥‥‥ 小さじ2
塩‥‥‥‥‥‥‥‥‥‥‥ 小さじ1/2
好みの薬味（もみじおろし、ゆずこ
しょう、七味唐辛子、粉山椒など）
‥‥‥‥‥‥‥‥‥‥‥‥ 各適宜
好みでうどん（乾麺・細めのもの）、
かぼすのくし形切り‥‥‥ 各適宜

作り方
❶ ねぎは斜め薄切りにし、かるくほぐす。鍋にだし汁を入れて中火にかけ、ふつふつしたら、魚醤と塩を加える。
❷ 煮立ったら、ねぎ適宜を入れ、肉適宜を広げ入れる。肉の色が変わったらねぎを包み、好みの薬味をつけていただく。好みで残った汁にゆでたうどんを加えてひと煮し、かぼすを絞って食べても。

昆布あごだし

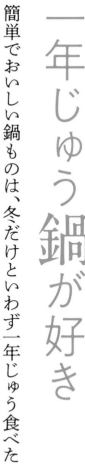

材料（作りやすい分量）と作り方
❶ 鍋に昆布（長さ約20cm）と焼きあご※2本、水5カップを入れ、一晩（6〜12時間）おく。この一晩つけた水は『水だし』としてみそ汁などに使える（P112参照）。
❷ ①の昆布とあごを取り出して鍋に入れ、新たに水5カップを加えて煮る。ふつふつしたら、アクを取りながら約5分煮て、そのままさます。
❸ ペーパータオルを敷いたざるを容器などに重ね、だし汁を流し入れてこす。冷蔵庫で2〜3日保存可能。
※焼きあごがない場合は削り節を使って。水5カップに対し、削り節ひとつかみ（8〜10g）を目安にして。

「たっぷりの薄切りねぎはよく煮るとシャキシャキに。さっと煮るとシャキシャキに。お好みの加減でどうぞ」

ねぎいっぱいの
豚しゃぶ
1/3量で205kcal 塩分0.6g

「3種のきのこを入れた、香り豊かな鍋。なすや薬味など、鍋ものにはちょっと意外な素材のおいしさが好評なんです」

簡単きりたんぽ

⅓量で189kcal 塩分0g

鍋の締めにはぴったり。
一口サイズにすると食べやすいうえ、
見た目もかわいい。

材料（作りやすい分量）と作り方

❶ 炊きたてのご飯1合分をめん棒
などでざっとつぶし、粘りを出す。

❷ 片栗粉大さじ1を水大さじ1で
溶く。ご飯がさわれる温度になった
ら、水溶き片栗粉を手につけながら、
ご飯を一口大に丸める。

❸ フライパンを中火で熱して②を
並べ、薄く色づくまでころがしなが
ら焼く（オーブントースターで焼い
てもよい）。土鍋に加えてひと煮する。

● きりたんぽは冷凍用保存袋に入れて、冷
凍庫で1カ月ほど保存可能。食べるとき
は凍ったまま鍋に入れ、温めながら解凍
して。

きのことなすの香り鍋

⅓量で176kcal 塩分3.0g

材料（2〜3人分）

まいたけ・・・・・・ 1パック（約100g）
しめじ・・・・・・・ 1パック（約100g）
えのきだけ・・・・・・・ 1袋（約100g）
なす・・・・・・・・・・・・・・・・・ 2個
みょうが・・・・・・・・・・・・・・・ 2個
三つ葉・・・・・・・・・・・・・・・・ 1束
豚バラ薄切り肉・・・・・・・・・・・ 100g
昆布だし（P112参照）・・・・・ 5カップ
塩・・・・・・・・・・・・・・・・・ 小さじ1
魚醤（P113参照、またはナンプラー）
・・・・・・・・・・・・・・・・ 小さじ1〜2
好みですだち・・・・・・・・・・・・・ 適宜

作り方

❶ しめじは石づきを落とし、えの
きだけは根元を落とし、まいたけと
ともに粗くほぐす。なすはへたを落
とし、縦6つ割りにして水に5分ほ
どつける。みょうがは縦に薄切りに
する。豚肉は長さを半分に切る。

❷ 土鍋に昆布だしを入れて中火に
かけ、温まったらきのこを加えてふ
たをし、7〜8分煮る。三つ葉は長
さ5cmに切る。きのこに火が通った
ら、なすの水けを拭いて加え、肉も
入れて煮る。なすがしんなりしたら、
塩と魚醤を加えて味をととのえる。

❸ 火を止め、みょうが、三つ葉を
加えてふたをする。食卓で取り分け、
好みで横半分に切ったすだちを絞る。

トマトすき焼き

⅓量で **511** kcal　塩分 **3.0** g

材料（2〜3人分）
トマト（ミディトマトまたはフルー
　ツトマト）… 6〜8個（約250 g）
牛薄切り肉（すき焼き用）…… 300 g
車麩…………… 3個（約15 g）
しらたき……… 1袋（約200 g）
砂糖、しょうゆ…… 各大さじ3
昆布だし（P112参照、または水）
　……………… 約½カップ
牛脂…………………… 1個
　（なければ油大さじ1）
溶き卵…………… 2〜3個分

作り方
❶ 車麩はバットに並べてかぶるく
らいの水を注ぎ、10分ほどおいても
どす。水けを絞って食べやすく切る。
牛肉は室温に10〜15分置く。しらた
きは熱湯でさっとゆでて水けをきり、
食べやすく切る。トマトはへたを取
り除いて縦半分または3等分のくし
形に切る。
❷ すき焼き用の鍋に牛脂を入れて
中火で熱し、脂が溶けはじめたら牛
肉を広げて両面をさっと焼く。肉が
まだ赤いうちに砂糖、しょうゆを順
にふり、鍋の端に寄せる。
❸ トマト、車麩、しらたきを加え、
昆布だし¼カップを注ぐ。ふたをし
て4〜5分、トマトが少しくずれる
まで煮る（途中、煮汁が少なくなっ
たら昆布だし適宜を加える）。溶き
卵をつけていただく。

「うちでは夏にもよくすき焼きを作ります。
トマトを入れることでさっぱりとして、暑い季節向きの味わいになるんですよ」

14

野菜を食べるご飯

お米好きな私にとって、旬の野菜で作るご飯ものは、至福の味。つい食べすぎてしまう、とっておきの4品です。

根菜ときのこの炊き込みご飯

¼量で**306**kcal　塩分**1.8**g

材料（3〜4人分）

米・・・・・・・・・・・・・・・ 2合（360㎖）
れんこん（小）・・・・・・ ½節（約70g）
ごぼう（小）・・・・・・・・ ½本（約70g）
しめじ・・・・・ 大1パック（約200g）
酒、しょうゆ・・・・・・・・ 各大さじ1
塩・・・・・・・・・・・・・・・・・ 小さじ¾
好みで三つ葉、すだち・・・・ 各適宜

作り方

❶ 米は炊く30分以上前にといでざるに上げる。れんこんは皮をむき、縦4等分に切ってから横に幅4㎜に切る。ごぼうは皮をたわしでよく洗い、長さ3㎝の細切りにする。ともに水に5分ほどさらし、水けをきる。しめじは石づきを切り、小房に分けて長さを半分に切る。三つ葉は細かく刻む。すだちはくし形に切る。

❷ 米を炊飯器に入れ、水360㎖を注ぐ。酒、しょうゆ、塩を加えて混ぜ、ごぼう、れんこん、しめじを順に広げてのせる。普通に炊き、炊き上がったら底から返すようにさっくりと混ぜる。好みで三つ葉をのせ、すだちを絞っていただく。

「シャキシャキの根菜と味のよいしめじをふんだんに使って。翌日は焼きおにぎりにして食べるのもおすすめです」

春菊と牛肉の甘辛炊き込みご飯

1/4量で418kcal 塩分1.5g

「オイスターソース風味の炊き込みご飯に、ほろ苦い生の春菊を混ぜ込みます。食べごたえがあり、食事のメインにもなりますよ」

材料（3〜4人分）

米‥‥‥‥‥‥‥‥‥‥‥‥ 2合（360㎖）
春菊‥‥‥‥‥‥‥‥‥ ½わ（約100ｇ）
牛こま切れ肉‥‥‥‥‥‥‥‥ 150ｇ
〈下味〉
　砂糖、酒、しょうゆ、みそ
　‥‥‥‥‥‥‥‥‥‥ 各大さじ1
　オイスターソース‥‥‥ 小さじ1

作り方

❶ 米は炊く30分以上前にといでざるに上げる。牛肉は食べやすく切り、下味の材料をもみ込んで10分ほどおく。春菊は葉先を摘む※。

❷ 米を炊飯器に入れ、水360㎖を注ぐ。❶の牛肉をのせ、普通に炊く。炊き上がったら春菊を大まかにちぎって加え、再びふたをして1分ほど蒸らす。底から返すようにさっくりと混ぜる。

※余った春菊の茎は、刻んで炒めものにしたり、みそ汁の具にして。

下味をつけた牛肉を生のまま
のせて炊くから、簡単。

春菊は炊き上がってから加え
て、香りを生かして。

とうもろこしのバターしょうゆご飯

$\frac{1}{4}$量で**338**kcal　塩分**2.0**g

しんを入れて炊くといいだしが出て、ご飯にうまみがうつります。

こくのあるバターしょうゆ味を、炊きたてご飯の一粒一粒にからめて。

材料（3～4人分）

米・・・・・・・・・・・・・・・・　2合（360mℓ）
とうもろこし・・・・・・　1本（約200g）
塩・・・・・・・・・・・・・・・・・・　小さじ1
しょうゆ・・・・・・・・・・・・・・　小さじ2
粗びき黒こしょう・・・・・・・・・　適宜
バター・・・・・・・・・・・・・・・　大さじ1½

作り方

❶ 米は炊く30分以上前にといでざるに上げる。とうもろこしは身を包丁でこそげ取り（正味約150g）、手でほぐす。しんは長さを半分に切る。米を炊飯器に入れ、水360mℓ強を注ぐ。塩を加えてさっと混ぜ、しんをのせる（しんをのせた状態で水の量が目盛りの2.5合あたりになるのが目安。たりない場合は水適宜をたす）。混ぜずに普通に炊く。

❷ フライパンにバターを中火で熱し、とうもろこしを入れて2分ほど炒める。しょうゆを加えてさっと炒め、火を止める。ご飯が炊き上がったらしんを取り出し、熱いうちに炒めたとうもろこしを加えて混ぜ、器に盛る。粗びき黒こしょうをふる。

「炊きたてのご飯に、バターしょうゆで炒めたとうもろこしをどっさり。普通のコーンご飯よりも香ばしい味わいが気に入っているの」

まるごとトマトと梅の 土鍋炊き込みご飯

1/4 量で 280 kcal　塩分 0.5 g

材料（3〜4人分）
米・・・・・・・・・・・・・・・・・　2 合(360mℓ)
トマト・・・・・・・・・・・・　1 個(約150 g)
梅干し(大・塩分15%)・・・・・・　1 個
昆布だし(P112参照)・・・　1 1/2 カップ
塩・・・・・・・・・・・・・・・・・　ふたつまみ

作り方

❶ 米はといでざるに上げる。トマトはへたを取る。土鍋に米と昆布だし、塩を入れて混ぜ、トマトと梅干しをのせてふたをし、30分ほど浸水させる。土鍋を強めの中火にかけ、3〜4分してふつふつと沸騰してきたら火を弱め、そのまま10〜12分炊く。火を止め、5分ほど蒸らす。

❷ 炊き上がったら、梅干しの種を取り、トマトの皮を取り除く。トマトと梅をざっくりとほぐしながら、底から返すようにして全体を混ぜ合わせる。

※炊飯器の場合は、米を炊く30分以上前にといでざるに上げておく。炊く直前に内がまに材料を入れ、普通に炊く。

「旬のトマトをまるごと一個、お米の上にどん！ とのせて。トマトの甘みと梅の酸味がさわやかで、食がすすむんです」

私は家でこそ積極的に「揚げる」派。
野菜の風味をそこなわずに火が通せるし、
何より揚げたての味わいは最高です。

究極の
フライドポテト

1/3量で89kcal 塩分0.3g

じゃがいもはまるごとレンジ
で蒸してから切り、揚げます。
火の通りの心配がないし、食
感も格別に。

材料（2～3人分）
じゃがいも（男爵）‥ 2個（約300ｇ）
塩‥‥‥‥‥‥‥‥‥‥‥‥‥‥‥ 少々
揚げ油‥‥‥‥‥‥‥‥‥‥‥ 適宜

作り方
❶ じゃがいもはよく洗い、水けを
つけたまま耐熱皿に並べる。ふんわ
りとラップをかけ、電子レンジで5
分加熱し、余熱で2分ほどおく。粗
熱を取って皮をむき、くし形に切る。
❷ 揚げ油を中温（170～180℃。Ｐ7
参照）に熱し、じゃがいもを入れて、
こんがりとするまで3～4分揚げる。
塩をふる。

「この方法で作ると、
表面がガリッとするくらい
香ばしく揚がって、抜群においしい。
時間がたっても、べたっとしないの」

菜の花とわかめの
サクサクかき揚げ

⅓量で130kcal 塩分0.2g

「ほろ苦い菜の花とわかめをかき揚げに。
ころもを薄めにすると、
サクッとした歯ざわりが楽しめます」

材料（2〜3人分）

菜の花・・・・・・・・・・・ 6本（約100g）
カットわかめ（乾燥）・・・・・・・・ 5g
小麦粉・・・・・・・・・・・・・・・・ 適宜
溶き卵・・・・・・・・・・・・・・・ ½個分
塩・・・・・・・・・・・・・・・・・・ 適宜
揚げ油・・・・・・・・・・・・・・・・ 適宜

作り方

❶ わかめはたっぷりの水に5分ほど浸してもどす。水けをよく拭き取り、小麦粉を多めにまぶしてから、余分な粉ははたき落とす。菜の花は根元の堅い部分を切り、長さを半分に切って、水けをしっかりと拭く。

❷ ボールに溶き卵を入れて冷水大さじ3を加え、よく混ぜる。小麦粉¼カップを加え、さっくりと混ぜて、ころもを作る。

❸ 揚げ油を中温（170〜180℃。P7参照）に熱する。計量カップなどの小さめの器に、わかめと菜の花の⅙量を入れ、ころも大さじ1を加えてかるくあえる。揚げ油にそっと入れ、続けて同様に2個を作り、油に入れる。ときどき返しながら3〜4分揚げ、油をきる。残りも同様に揚げて器に盛り、塩を添える。

わかめから水けが出るのでしっかりと粉をまぶして。春は生わかめで作っても。

一度に揚げる分ずつ具を計量カップに入れ、ころもを大さじ1程度からめます。この方法だと上手に薄くころもがつき、サクッと軽く。

根菜と手羽先の素揚げ 甘辛だれあえ

1/3量で342kcal　塩分2.8g

材料(2〜3人分)
ごぼう(小)‥‥‥‥ 1本(約120g)
れんこん(大)‥‥‥ 1/2節(約120g)
鶏手羽先‥‥‥‥‥ 8本(約450g)
〈甘辛だれ〉
　しょうが汁‥‥‥‥‥ 1かけ分
　しょうゆ‥‥‥‥‥‥ 大さじ3
　みりん、水‥‥‥‥ 各大さじ2
　酒、はちみつ‥‥‥ 各大さじ1
揚げ油‥‥‥‥‥‥‥‥‥‥ 適宜

作り方

❶ ごぼうは皮をたわしでよく洗い、皮つきのまま幅5mmの斜め薄切りにする。れんこんはよく洗い、皮つきのまま薄い輪切りにする。ともに5分ほど水にさらし、水けをしっかり拭く。手羽先は皮目の裏側に、骨にそって縦に1本浅い切り目を入れる。

❷ 小鍋に甘辛だれ用のみりんと酒を入れて中火にかけ、1分ほど煮立てて火を止める。残りの甘辛だれの材料を加えて全体を混ぜ、バットに移す。

❸ 揚げ油を中温(170〜180℃。P7参照)に熱し、れんこんとごぼうを入れてパリッとするまで3分ほど揚げ、油をきる。熱いうちに②のバットに加えてあえる。続けて手羽先を水けを拭いて中温の油に入れ、ときどき返しながら8〜10分揚げる。こんがりとしたら油をきり、同じバットに加えてあえる。

22

かぶのほくほく天ぷら

⅓量で104kcal　塩分0.2g

材料（2〜3人分）

かぶの身‥‥‥‥‥　2個（約170g）
〈ころも〉
　市販の天ぷら粉‥‥‥　⅓カップ
　水‥‥‥‥‥‥‥　大さじ3〜4
塩‥‥‥‥‥‥‥‥‥‥‥‥　適宜
揚げ油‥‥‥‥‥‥‥‥‥‥　適宜

作り方

❶ かぶはよく洗い、皮つきのまま縦6〜8等分のくし形切りにして、水けをしっかりと拭く。

❷ ボールにころもの材料を入れ、少し粉っぽさが残るくらいに混ぜる。

❸ 揚げ油を中温（170〜180℃。P7参照）に熱する。かぶをころもにくぐらせて油に入れ、ときどき返しながら、3〜4分揚げて油をきる。器に盛り、塩を添える。

「生のかぶを揚げると、ほくっとして食感のよいひと皿に。かぶの甘みが口いっぱいに広がり、いくつでも食べられます」

サワークリームだれ

ゆずこしょうオイル

みそマヨだれ

薬味だれ

野菜の甘みを満喫したいなら、「蒸す」のがいちばん。せいろも使い慣れるとすごく手軽だし、鍋やフライパンでオイル蒸しという方法もおすすめですよ。

> 「簡単なのに、テーブルに出すとなぜか様になるのは、やはりせいろの力によるもの。根菜やいもなど、あるものを盛り合わせます」

根菜ときのこの ほくほく蒸し

1/3量で178kcal 塩分1.1g

材料（2〜3人分）

れんこん（小）・・・・・・・・・・・・・ 1節
じゃがいも・・・・・・・・・・・・・・・ 2個
にんじん（小）・・・・・・・・・・・・・ 1本
生しいたけ・・・・・・・・・・・ 3〜4個

作り方

❶ 鍋にたっぷりの湯を沸かしはじめる。れんこんはよく洗って皮つきのまま幅1cmの輪切りにする。じゃがいもは皮をむき、縦4〜6等分に切る。にんじんは皮をむき、幅1cmの輪切りにする。しいたけは石づきを切り、縦半分に切る。せいろにしいたけ以外の根菜を並べる。

❷ 鍋から充分に蒸気が上がったらせいろをのせる。ふたをして中火で10〜15分蒸す。れんこんに竹串がすーっと通るくらいになったら、しいたけを加える。再びふたをし、中火で3分ほど蒸す。

蒸し野菜を楽しむ4つのたれ

【みそマヨだれ】

みそ、マヨネーズ各大さじ1を混ぜる。

【薬味だれ】

ねぎのみじん切り5cm分とにんにくのみじん切り1/2かけ分、しょうゆ大さじ1〜1½、ごま油大さじ1を混ぜる。

【ゆずこしょうオイル】

ゆずこしょう小さじ1/2とオリーブオイル大さじ1を混ぜる。

【サワークリームだれ】

ねぎのみじん切り少々と、サワークリーム大さじ2、塩、粗びき黒こしょう各少々を混ぜる。

薄味のだし汁に漬けて

蒸し大根の
だし漬け

¼量で**27**kcal 塩分**0.4**g

材料（作りやすい分量）
蒸し大根（右記参照）・・・ 6 〜 7切れ
〈煮汁〉
　だし汁（P112参照）・・・ 2 ½カップ
　塩・・・・・・・・・・・・・・・・・ 小さじ⅓

作り方
蒸し大根と煮汁の材料を鍋に入れて
中火にかける。煮立ったら弱火にし、
10分ほど煮て火を止める。そのまま
さまして味を含める。
※密閉容器に煮汁ごと入れ、冷蔵庫で4日
　ほど保存OK。

ゆず風味の甘みそをかけて

蒸し大根の
ゆずみそがけ

1人分**67**kcal 塩分**1.1**g

材料（2人分）
蒸し大根（右記参照）・・・・・・ 2切れ
みりん、みそ・・・・・・・・ 各大さじ2
砂糖・・・・・・・・・・・・・ 大さじ1 〜 2
ゆずの皮のせん切り・・・・・・ ½個分

作り方
小鍋にみりんを入れて中火にかけ、
1分ほど煮立てる。みそ、砂糖を加
えて2分ほど混ぜ、火を止めてゆず
の皮の½量を加えて混ぜる。蒸し大
根をそれぞれ器に盛り、ゆずみそを
等分にのせて、残りのゆずの皮をの
せる。

蒸し大根

全量で**153**kcal 塩分**0**g

材料（作りやすい分量）
大根（小）・・・・・・・・・ 1本（約1kg）

作り方
① 鍋に水を八分目くらいまで入れ
て強火にかけ、湯を沸かしはじめる。
大根は幅3cmの輪切りにして皮を厚
めにむき、片面に十字に浅い切り込
みを入れる。せいろにオーブン用シ
ートを敷き、大根を並べ入れる。
② 鍋の湯が沸騰したらせいろをの
せてふたをし、中火で40〜50分蒸す。
竹串を刺してみて、すーっと通った
ら蒸し上がり。

「大根は蒸すとえぐみが消えて、
甘みと風味が増します。まとめて蒸して
だし漬けにして保存するのもおすすめ」

26

菜の花とあさりの
オイル蒸し

$\frac{1}{3}$量で**247**kcal 塩分**1.5**g

材料（2〜3人分）
キャベツ（小）‥‥‥‥‥ $\frac{1}{4}$個（約200ｇ）
菜の花‥‥‥‥‥‥‥ $\frac{1}{2}$束（約100ｇ）
あさり（殻つき・砂出ししたもの）
‥‥‥‥‥‥‥‥‥‥‥‥ 200ｇ
ベーコン‥‥‥‥‥‥‥‥‥ 2枚
にんにくの薄切り‥‥‥‥ 1かけ分
塩‥‥‥‥‥‥‥‥‥‥‥‥ 適宜
オリーブオイル‥‥‥‥‥ 大さじ2

作り方
❶ キャベツは堅いしんの部分を取り除き、大きめの一口大にちぎる。菜の花は根元の堅い部分を切り、つぼみの部分を切り分けて、茎は皮を薄くむく。ベーコンは幅2cmに切る。あさりは殻と殻をこすり合わせてよく洗い、水けをきる。
❷ 口径約20cmの厚手の鍋か深めのフライパンに、キャベツ、あさり、ベーコン、にんにく、菜の花を順に重ね入れる。オリーブオイルを回しかけ、ふたをして中火にかける。
❸ 煮立ったら弱めの中火にし、ときどき鍋を揺すって10分ほど蒸し煮にする。あさりの口が開いたら全体を混ぜ、塩で味をととのえる。

ブロッコリーの
オイル蒸し

$\frac{1}{3}$量で**88**kcal 塩分**0.6**g

材料（2〜3人分）
ブロッコリー‥‥‥‥ 1株（約300ｇ）
にんにく‥‥‥‥‥‥‥‥‥ 1かけ
塩‥‥‥‥‥‥‥‥‥‥‥ ふたつまみ
オリーブオイル‥‥‥‥ 大さじ1$\frac{1}{2}$

作り方
❶ にんにくは木べらでつぶす。ブロッコリーは小房に分け、茎は皮を厚めにむいて、一口大に切る。
❷ 口径約20cmの厚手の鍋かフライパンにブロッコリーとにんにくを入れ、オリーブオイルを回しかけて塩をふる。ふたをして中火にかけ、蒸気が上がったら弱めの中火にし、6分ほど蒸し煮にする。

※密閉容器に入れ、冷蔵庫で4日ほど保存
　ＯＫ。

「野菜1種類で作るオイル蒸しでは、ブロッコリーがおすすめ。蒸したものをストックしておけばパスタソースにもなります」

第2章
旬を味わう シンプルな野菜料理

海辺の町に越し、15年余り。食材はほぼ地元の直売所や市場で買い物をしています。
市場に並ぶのは、旬の地のものばかり。
野菜のみずみずしさに感激し、出始めと終わりの近づいたころの味の違いに驚く。
食材が季節の移り変わりを告げてくれる暮らしの中で、おのずと私の野菜との向き合い方も変わりました。
野菜の持ち味を生かすため、よりシンプルに料理するようになったのです。
ここではそんな日々から生まれた野菜レシピを、季節ごとにお届けします。

「春

「芽生えの時期にしか出会えない、
若々しさやほろ苦さを心待ちにし」

「ほくほくの根菜や、
香りのいいきのこに料理意欲をそそられ」

秋

「夏

「夏野菜の勢いとみずみずしさに、
元気をもらって」

「かさと甘みのある力強い冬野菜を、
まるごと味わいつくす」

冬、

まずは生で。炒めるときも、さっとが肝心。

材料（2〜3人分）

春キャベツの葉（大）
・・・・・・・・・・・ 3〜4枚（約300ｇ）
新にんじん・・・・・・・・ ⅓本（約50ｇ）
豚肩ロース薄切り肉・・・・・・・ 150ｇ
〈たれ〉
　｜砂糖、酒、しょうゆ
　｜・・・・・・・・・・・・・・・ 各大さじ1
　｜塩・・・・・・・・・・・・・ ひとつまみ
バルサミコ酢（なければ酢）
・・・・・・・・・・・・・・・・ 小さじ½
あれば新にんじんの葉・・・・・・ 適宜
塩、こしょう・・・・・・・・・・・ 各少々
ごま油・・・・・・・・・・・・・・・ 小さじ2

作り方

① にんじんは皮をむいてせん切りにし、あれば葉は粗いみじん切りにする。にんじんに塩をふってしばらくおき、しんなりとしたら、かるく汁けを絞る。バルサミコ酢とこしょう、にんじんの葉を加えて混ぜる。

② キャベツは6〜7㎝四方に切り、2〜3切れずつ重ねて器に盛る。豚肉は幅2㎝に切る。たれの材料を混ぜる。

③ フライパンにごま油を中火で熱し、豚肉を入れて、肉の色が変わるまで炒める。たれを加え、さっとからめる。キャベツに、①とにんじん、肉各適宜をのせる。

春キャベツの
肉炒めのせ

⅓量で197kcal　塩分1.4g

「あえて大きめにざくっと切ったら、甘辛味に炒めた豚肉と新にんじんをのせていただきます。豪快にガブッ！とどうぞ」

葉の巻きがゆるく、ふんわりとみずみずしい春キャベツ。春限定の柔らかさと歯ざわりを味わいたいから、まずはそのまま。火を通す場合は、加熱時間はとにかく短めにして。

30

春キャベツとしらすの卵炒め

1人分222kcal　塩分1.6g

「歯ざわりを生かしたいから、さっと炒めるだけ。しらすと合わせ、春のひと皿に」

材料（2人分）
春キャベツ・・・・・・・・　1/4個（約180g）
しらす干し・・・・・・・・・・・　1/4カップ
〈卵液〉
　卵・・・・・・・・・・・・・・・・・・・・　2個
　砂糖・・・・・・・・・・・・・・　ふたつまみ
塩・・・・・・・・・・・・・・・・・・・・・・・　適宜
魚醤（P113参照、またはナンプラー）、
　こしょう・・・・・・・・・・・・・　各少々
オリーブオイル・・・・・・・・　大さじ2

作り方
❶ キャベツは大きめの一口大に切る。卵液の材料を混ぜる。
❷ フライパンにオリーブオイル大さじ1を強めの中火で熱し、卵液を流し入れて大きく混ぜ、半熟状になったら、いったん取り出す。
❸ フライパンにオリーブオイル大さじ1を再び中火で熱し、キャベツと塩ふたつまみを入れて炒める。しんなりとしたら、しらすと、卵を戻し入れてさっと炒め、塩少々と、こしょう、魚醤で味をととのえる。

横須賀サラダ

1人分111kcal　塩分1.5g

材料（2人分）
春キャベツ・・・・・・・・　1/6個（約120g）
ハム・・・・・・・・・・・・・・・・・・・・・　1枚
ポテトチップス（薄塩味）・・・・・　6枚
白ワインビネガー（なければ酢）
　・・・・・・・・・・・・・・・・・・・・　小さじ1
塩・・・・・・・・・・・・・・・・・・・　ふたつまみ
こしょう・・・・・・・・・・・・・・・・・・　少々
オリーブオイル・・・・・・・・　小さじ2

「横須賀に住むママ友に教わったサラダ。ポテトチップス? と驚きましたが、意外とあとを引く味」

作り方
❶ キャベツは2cm四方に切る。ハムは半分に切り、幅5mmの細切りにする。
❷ ボールにキャベツとハムを入れ、塩、こしょう、白ワインビネガー、オリーブオイルを加え混ぜる。ポテトチップスを手で割り入れ、ひと混ぜする。

新じゃが

皮つきのままじっくり火を通すと、味がぼけない。

春

材料（2人分）

新じゃがいも‥‥ 4〜5個（約200ｇ）
にんにく‥‥‥‥‥‥‥‥‥‥‥‥ 1かけ
サワークリーム‥‥‥‥‥‥ ¼カップ
アンチョビー（フィレ）‥‥‥‥ 2枚
タイム‥‥‥‥‥‥‥‥‥‥ 1〜2枝
塩‥‥‥‥‥‥‥‥‥‥‥‥‥‥ 少々
オリーブオイル‥‥‥‥‥ 大さじ2

作り方

❶ 新じゃがは皮つきのままよく洗い、厚さ1cmに切る。にんにくは木べらでつぶす。アンチョビーは細かく刻み、サワークリームに加えて混ぜる。

❷ フライパンにオリーブオイルを中火で熱し、にんにくとじゃがいもを並べ入れる。塩をふり、こんがりと焼き色がつき、竹串がすーっと通るまでじゃがいもの両面を焼く（にんにくが焦げる場合は取り出す）。

❸ 焼き上がる直前にタイムを加え、香りをつける。器に盛り、①のクリームを添える。

新じゃがのカリカリソテー
アンチョビークリームがけ

1人分372kcal 塩分0.8g

「香ばしく焼きつけるのが、おいしさの秘訣。アンチョビーのうまみとサワークリームの酸味がよく合うの」

水けの多い新じゃがは、普通のじゃがいもと同じ気分で調理すると、料理の味が薄くなりがち。いろいろ試してたどり着いたのがこの方法。皮ごと使うと風味もよくなります。

「材料を鍋に入れたら、
冷たいオイルをとくとく注いで煮るだけ。
新じゃがは驚くほどしっとり、
豚肉はふんわり柔らかに！」

新じゃがと豚肉のオイル煮

1人分**512**kcal 塩分**1.9**g

材料（2人分）

新じゃがいも（大）
・・・・・・・・・・・・・・・ 2個（約250ｇ）
豚ロース肉（とんかつ用）
・・・・・・・・・・・・・・・ 2枚（約250ｇ）
にんにく・・・・・・・・・・・・ 2かけ
塩、粗びき黒こしょう、フレンチマ
スタード・・・・・・・・・・・・・ 各適宜
オリーブオイル※・・・・・・・・・・ 適宜
※米油や太白ごま油などでも。使った油は
　ペーパータオルでこし、ドレッシングや
　炒め油に使って。

作り方

① 豚肉は脂身と赤身の間に4～5
カ所切り目を入れて筋を切る。塩小
さじ1を全体にふって15分ほどおき、
水けを拭く。新じゃがはよく洗い、
皮つきのまま半分に切る。にんにく
は木べらでかるく押さえてつぶす。

② 口径約18cmの厚手の鍋に、新じ
ゃがとにんにく、豚肉を順に入れ、
オリーブオイルをひたひたよりもや
や少ないくらい（約2カップ）注ぎ入
れる。ふたをして弱火にかけ、15～
20分煮る。

③ 新じゃがに竹串がすーっと通る
くらいになったら、取り出して油を
きる。豚肉は食べやすく切り、新じ
ゃがとともに器に盛って、にんにく
を添える。塩少々、粗びき黒こしょ
うをふり、フレンチマスタードをつ
けて、にんにくをくずしていただく。

菜の花

だしびたしにして、ストックする。

春

「だしじょうゆに漬けた菜の花が、マヨネーズと相性抜群。春野菜を彩りよくそろえて」

美しい緑色とほのかな苦み。菜の花が食卓に上ると、心待ちにした春の訪れを感じます。私は新鮮なうちにゆで、おひたしにして保存。料理にすぐ使えて便利です。

菜の花の和風サラダ

1人分223kcal 塩分2.4g

材料（2人分）
「菜の花のおひたし」（下記参照）
　　　　　……… 7〜8本（約100g）
春キャベツの葉…… 3枚（約150g）
新にんじん……… ½本（約70g）
〈ドレッシング〉
　マヨネーズ………… 大さじ3
　「菜の花のおひたし」の漬け汁、
　　オリーブオイル… 各大さじ1
　しょうゆ………… 小さじ1

作り方
❶ キャベツはしんは薄切りにし、葉は一口大に切る。にんじんは皮をむき、長さ4cmの細切りにする。菜の花は汁けをかるくきり、長さ3〜4cmに切る。
❷ 鍋にたっぷりの湯を沸かし、にんじん、キャベツを順に入れて1分ほどゆでる。ざるに上げて水けをきり、さらに水を絞って菜の花と合わせ、器に盛る。ドレッシングの材料を混ぜ、適宜かけていただく。

菜の花のおひたし

材料（作りやすい分量）と作り方
❶ 菜の花1束（約200g）は冷水に根元を15分ほどつけ、シャキッとさせる。根元を切り落とし、塩少々を加えたたっぷりの熱湯に根元から入れる。つぼみを沈め、再び沸騰したらざるに上げる。すぐに水にとってさまし、水けを絞る。

❷ バットにだし汁（P112参照）1½カップ、塩小さじ½、薄口しょうゆ小さじ2を混ぜ、菜の花を入れて30分ほど漬け、味を含ませる。
●つけ汁ごと密閉容器に入れ、冷蔵で2〜3日保存可。

34

材料（3〜4人分）
「菜の花のおひたし」（P34参照）
　　　　　・・・・・・・・　8〜10本（約150ｇ）
米・・・・・・・・・・・・・・・・・　2合（360mℓ）
〈すし酢〉
　　酢・・・・・・・・・・・・・・・・　大さじ4
　　砂糖・・・・・・・・・・・・・・・　大さじ2
　　塩・・・・・・・・・・・・・・・・　小さじ½
干ししいたけ（もどしたもの）※
　　　　　・・・・・・・・・・・・・・・・　3〜4個
卵・・・・・・・・・・・・・・・・・・・・　3個
砂糖・・・・・・・・・・・・・　大さじ1⅓
しょうゆ・・・・・・・・・・・・　大さじ1
油・・・・・・・・・・・・・・・・・・・　適宜
白いりごま・・・・・・・・・・　大さじ1
※水1カップに一晩つけてもどす（もどし
　汁はとっておく）

作り方
【しいたけの甘煮を作る】
干ししいたけは、軸を切って粗く刻
み、小鍋に入れる。もどし汁をひた
ひたになるまで注ぎ、砂糖大さじ1、
しょうゆを加えて混ぜる。中火にか
け、煮立ったら弱火にして落としぶた
（P7参照）をし、煮汁がなくなる
まで煮る。

【錦糸卵を作る】
ボールに卵を割りほぐし、砂糖小さ
じ1を加えて混ぜる。卵焼き器（18
×12cm）に油少々を塗り、中火でよ
く熱する。卵液の¼量を流して広げ
る。固まったら菜箸を差し込んで、
裏返しさっと焼く。残りも同様に焼
き、さめたら縦2〜3等分に切って、
端から細切りにする。

【すしめしを作る】
❶ 米は炊く30分前に洗い、ざるに
上げる。炊飯器に米を入れ、2合の
目盛りまで水を注ぎ、普通に炊く。
すし酢の材料を混ぜる。
❷ ご飯が炊き上がったら飯台（また
は大きめのボール）にあけ、熱いうち
にすし酢を回しかけ、切るように混
ぜる。うちわであおぎ、粗熱を取る。
❸ 菜の花は汁けをきり、つぼみを
切って飾り用に取り分ける。残りは
長さ1cmに切り、しいたけ、白いり
ごまとともにすしめしに加えて混ぜ
る。器に盛って錦糸卵をのせ、飾り
用の菜の花をのせる。

菜の花ちらし

¼量で**253**kcal　塩分**1.7**ｇ

「菜の花の香りを楽しむちらしずし。
錦糸卵の黄色が、春らしさを盛り上げます。
お節句やお祝いなど、家族の行事にもぴったり」

新玉ねぎと
ひじきのサラダ

⅓量で178kcal 塩分1.1g

材料（2〜3人分）
新玉ねぎ‥‥‥‥‥ ½個（約100ｇ）
長ひじき（乾燥）‥‥‥‥‥‥ 25ｇ
ツナ缶詰（80ｇ入り）‥‥‥‥ 1缶
塩‥‥‥‥‥‥‥‥‥‥‥‥‥ 適宜
マヨネーズ‥‥‥‥ 大さじ1½〜2
白ワインビネガー（または酢）
‥‥‥‥‥‥‥‥‥‥‥ 小さじ1
オリーブオイル‥‥‥‥ 大さじ1

作り方
❶ ひじきはさっと洗い、たっぷりの水で10分ほどもどしてざるに上げ、長いものは食べやすく切る。熱湯でさっとゆで、水けをきる。新玉ねぎは横に幅3mmに切り、塩ふたつまみをふって5分ほどおく。水けをしっかりと絞る。
❷ ボールにひじき、新玉、ツナを缶汁ごと入れ、さっと混ぜる。塩小さじ⅓、マヨネーズ、白ワインビネガー、オリーブオイルを加えてあえる。

新玉ねぎ　春

酢と合わせ、甘みをいっそう引き立たせる。

「みずみずしい新玉とひじきのサラダは、毎年作る春の定番。わが家では海辺で作られた、かま揚げひじきを使うことも」

辛みが少ない新玉は、生で食べてよし、炒めてよし。春野菜のなかで、いちばん出番の多い存在かも。酢をほんのりきかせると、甘みが引き立ち、おいしく食べられます。

「炒めて甘みが増した新玉ねぎと、香ばしい豚肉がすごくよく合うの。新玉は豚肉が隠れるくらい、どっさりのせて。鶏もも肉や牛のステーキ肉で作っても」

ポークソテー
炒め新玉のせ

1人分**506**kcal 塩分**1.8**g

材料（2人分）

新玉ねぎ‥‥‥‥‥ 2個（約400ｇ）
豚ロース肉（とんかつ用）
‥‥‥‥‥‥‥ 2枚（約200ｇ）
A 酢、しょうゆ‥‥‥ 各小さじ1
　 塩‥‥‥‥‥‥‥‥ 小さじ1/4
塩、こしょう‥‥‥‥‥‥ 各少々
粗びき黒こしょう‥‥‥‥‥ 適宜
オリーブオイル‥‥‥‥‥‥ 適宜

作り方

❶ 新玉ねぎは縦4等分に切ってから、横に幅1㎝に切り、ほぐしておく。豚肉は脂肪と赤身の間に5〜6カ所切り込みを入れて筋切りをし、塩、こしょうをふる。

❷ フライパンにオリーブオイル少々を中火で熱し、豚肉を並べ入れる。両面を焼き色がつくまで3〜4分ずつ焼き、バットに取り出す。

❸ フライパンの汚れを拭き、オリーブオイル大さじ3を中火で熱する。新玉ねぎを入れ、しんなりとするまで炒める。Aを加えて2〜3分炒め、火を止める。豚肉を食べやすく切り、器に盛る。新玉ねぎをのせ、粗びき黒こしょうをふる。

新鮮なうちに、まずはまとめてゆでておく。

たけのこ

たけのこご飯
1/4量で350kcal 塩分1.9g

材料（3〜4人分）

米・・・・・・・・・・・・・・・・・ 2合（360mℓ）
もち米・・・・・・・ ひとつかみ（約30g）
ゆでたけのこ（P39参照）
・・・・・・・・・・・・・・・・ 1本（約150g）
新にんじん・・・・・・・・ 1/3本（約60g）
油揚げ・・・・・・・・・・・・・・・・・・・ 1/2枚
だし汁（P112参照）・・・・ 約2カップ
しょうゆ・・・・・・・・・・・・・・ 大さじ1
薄口しょうゆ・・・・・・・・・・ 大さじ1/2
塩・・・・・・・・・・・・・・・・・・ 小さじ1/2
あれば木の芽・・・・・・・・・・・・・ 適宜

作り方

❶ 米ともち米は合わせて炊く30分前に洗い、ざるに上げる。たけのこは2〜3cm四方の薄切りにする。にんじんは皮をむいて幅2cmに切り、縦に薄切りにしてから細切りにする。油揚げは半分に切り、切り口から包丁を寝かせて入れて開き、粗みじんに刻む。

❷ 炊飯器に米ともち米を入れ、だし汁を2合の目盛りまで注ぐ。しょうゆ、薄口しょうゆ、塩を加えて混ぜ、たけのこ、にんじん、油揚げを広げてのせ、普通に炊く。炊き上がったらさっくりと混ぜて器に盛り、あれば木の芽をのせる。

「自分でゆでたたけのこで作ると、風味のよさが格別。もち米を少量入れると、ご飯がパサつかずに、もっちり炊き上がります。新にんじんも彩りに加えるのが、わが家流」

3月〜5月の間だけ出回る、皮つきのたけのこ。鮮度が大事なので、新しいうちにゆでて、保存します。ゆでたけのこがあれば、ご飯、汁もの、炒めものなど気軽に使えますよ。

たけのこの素揚げ

1/3量で42kcal 塩分0.2g

材料(2～3人分)
ゆでたけのこ(下記参照、大・根元
の部分)‥‥‥ 6～8cm(約150g)
木の芽‥‥‥‥‥‥‥‥‥‥‥ 適宜
小麦粉‥‥‥‥‥‥‥‥‥‥‥ 適宜
塩‥‥‥‥‥‥‥‥‥‥‥‥‥ 少々
油‥‥‥‥‥‥‥‥‥‥‥‥‥ 適宜

作り方
❶ たけのこは幅1cmの輪切りにする。厚手の鍋(またはフライパン)に高さ2cmの油を入れ、中温(170℃～180℃。P7参照)に熱する。
❷ たけのこに小麦粉を薄くまぶして入れ、薄く色づくまで2～3分揚げる。取り出して油をきって器に盛り、木の芽をたっぷりのせる。塩をつけていただく。

「根元の太くて少し堅い部分はさっと揚げて食べると、えぐみが気にならなくなります。香りが凝縮された、揚げたてをぜひ味わって」

たけのこをゆでる

❶ たけのこは水をはったボールにつけてよく洗う。底の部分を包丁で薄く削り、そこをとっかかりにし4～5枚皮をむく。穂先の堅い部分を斜めに切り落とす。切り口から縦に1本深く切り込みを入れる。

❷ 大きめの鍋にたけのことかぶるくらいの水を入れ、米ぬか※ひとつかみを加え、中火にかける。煮立ったら弱めの中火にし、落としぶた(P7参照)をして1時間～1時間30分ゆでる(途中たけのこが湯から出るようなら、水適宜をたす)。

❸ 根元に竹串がすーっと通るくらいになったら、火を止めてゆで汁につけたまま完全にさます。水で洗いながら柔らかい部分が出てくるまで皮をむき、水につけ半日～1日おく。
※米ぬかがない場合は、水の代わりに米のとぎ汁を使う。
●密閉容器にかぶるくらいの水とともに入れ、冷蔵保存。毎日水を替えながら4～5日保存可。

グリーンアスパラガス

青々しい香りを、まるごと味わう調理法で。

材料（2人分）

スパゲティ・・・・・・・・・・・・・・・ 160 g
グリーンアスパラガス
・・・・・・・・・・・・・ 6本（約120 g）
ベーコン・・・・・・・・・・・・・・・・・ 2枚
アンチョビー（フィレ）・・・ 3〜4枚
にんにくの薄切り・・・・・・ 1かけ分
塩、粗びき黒こしょう・・・・・ 各適宜
オリーブオイル・・・・・・・・ 大さじ2

作り方

❶ 鍋に湯2ℓを沸かしはじめる。アスパラは根元を2cmほど切り、ピーラーで根元から縦に薄く帯状に削る。ベーコンは幅1cmに切る。鍋の湯が沸いたら塩小さじ2を加え、スパゲティを袋の表示時間より1分ほど短めにゆではじめる。

❷ フライパンにオリーブオイル、にんにくを入れて弱火にかけ、香りが立ったらベーコンを加えて1分ほど炒める。アンチョビーを加え、ほぐしながら1分ほど炒める。

❸ スパゲティがゆで上がる1分30秒ほど前に鍋にアスパラを加え、さっとゆでる。トングで汁けごと❷のフライパンに加え、全体をよくあえる。塩少々で味をととのえて器に盛り、粗びき黒こしょうをふる。

薄く削ったアスパラの食感が新鮮。パスタがゆで上がる直前に加えて、さっとゆでて。

「ピーラーで薄く削ったアスパラをパスタといっしょにゆで、甘みと香りをうつします。レモンを絞ってもおいしい」

ひらひらアスパラのアンチョビーパスタ

1人分518kcal 塩分1.8g

旬のアスパラの魅力は、なんといっても豊かな香りとみずみずしさ。春アスパラならではの甘みを引き立てる、シンプルな調理法で楽しみます。

ゆでアスパラの卵ソースがけ

1人分**266**kcal　塩分**1.0**g

材料（2人分）

グリーンアスパラガス

　・・・・・・・・・・・・・ 12本（約240 g）

〈卵ソース〉

　ゆで卵・・・・・・・・・・・・・・ 2個

　新玉ねぎのみじん切り

　・・・・・・・・・・・・・・・ 大さじ2

　マヨネーズ・・・・・・・・ 大さじ4

　ケッパー（酢漬け）・・・・・ 小さじ2

　塩、こしょう・・・・・・・・・ 各少々

塩・・・・・・・・・・・・・・・・・・ 大さじ1

作り方

❶ アスパラは根元を2cmほど切り、
下から5cmくらいの皮を薄くむく。
ケッパーは粗いみじん切りにする。
ゆで卵は粗く刻む。ボールに卵ソー
スの材料を混ぜる。

❷ 鍋にたっぷりの湯（約2ℓ）を沸
かし、塩を加える。アスパラを根元
から加え、中火で3～6分好みの堅
さにゆでる。根元をさわって堅さを
確かめ、ざるに上げる。

❸ 器にアスパラを盛り、卵ソース
をかける。

根元をさわり、好みの
堅さを確かめて。私は
近ごろは甘みが引き立
つ、柔らかめが好き。

材料（2人分）

スナップえんどう・・・ 8個（約60ｇ）
ちくわ・・・・・・・・・・・・・・・・・ 2本
溶き卵・・・・・・・・・・・・・・・・ 2個分
温かいご飯
　・・・・・ どんぶり2杯分（約400ｇ）
〈煮汁〉
　だし汁（P112参照）・・・・・ 1カップ
　しょうゆ・・・・・・・・・・・・ 小さじ1
　塩・・・・・・・・・・・・・・・・ 小さじ1/3
　砂糖・・・・・・・・・・・・・ ひとつまみ

作り方

❶ スナップえんどうはへたと筋を取り、斜め2〜3等分に切る。ちくわは幅1cmの斜め切りにする。

❷ 小鍋に煮汁の材料を中火で煮立て、スナップえんどうとちくわを加え、2分ほど煮る。溶き卵を回し入れ、ふんわりとしたら火を止める。器にご飯を盛り、卵とじを汁ごとのせる。

スナップえんどう

甘みを生かすなら、だしと合わせるのがいちばん。

春

スナップえんどうと ちくわの卵とじ丼

1人分**465**kcal　塩分**2.4**ｇ

「スナップえんどうを、卵でとじるだけ。ちくわからもうまみが出るので、ご飯がすすみます」

ほんのり甘い豆と柔らかなさや、両方を味わえるのが、スナップえんどうのよさ。火を通したときの鮮やかな緑色も、ほかにはない美しさです。

時間をおくほどに味がなじむので、多めに作って常備菜にしても。

「スナップえんどうは流水で色止めすると、シャキッとした歯ごたえを保てます。鮮やかな翡翠色は、はっとする美しさ」

スナップえんどうのおひたし

$\frac{1}{2}$量で**32**kcal　塩分**0.5**g

材料（作りやすい分量）
スナップえんどう‥　20個（約150ｇ）
〈漬け汁〉
　だし汁（P112参照）‥‥　1$\frac{1}{2}$カップ
　薄口しょうゆ（なければしょうゆ）
　‥‥‥‥‥‥‥‥‥‥　小さじ 2
　塩‥‥‥‥‥‥‥‥‥　小さじ$\frac{1}{2}$
塩‥‥‥‥‥‥‥‥‥‥　小さじ 1

作り方
❶ スナップえんどうはへたと筋を取る。鍋にたっぷりの湯（約1ℓ）を沸かし、塩を加える。
❷ スナップえんどうを加えて 1分ほどゆで、ざるに上げる。流水でさまし、水けをきる。密閉容器に漬け汁の材料を混ぜる。スナップえんどうを加え、30分ほどおく。
●密閉容器に入れ、冷蔵で 4日ほど保存可。

にらそぼろうどん

1人分352kcal 塩分3.8g

材料（2人分）
にら‥‥‥‥‥‥ 小１束（約80ｇ）
鶏ひき肉‥‥‥‥‥‥‥‥‥ 100ｇ
だし汁（P112参照、あればあごだし
　　またはいりこだし）‥ 2½カップ
しょうがのせん切り‥‥‥ １かけ分
塩‥‥‥‥‥‥‥‥‥‥‥ 小さじ１
魚醤（P113参照、またはナンプラー）
‥‥‥‥‥‥‥‥‥‥‥‥‥‥ 少々
うどん（乾麺・細めのもの）
‥‥‥‥‥‥‥‥‥‥ 160〜180ｇ
油‥‥‥‥‥‥‥‥‥‥‥‥‥ 少々

作り方
❶ にらは細かく刻む。鍋にたっぷ
りの湯を沸かし、うどんを入れて袋
の表示どおりにゆではじめる。
❷ 別の鍋（または深めのフライパ
ン）に油とひき肉を入れて中火にか
け、肉の色が変わるまでほぐしなが
ら炒める。だし汁を注ぎ、煮立った
ら塩、魚醤を加えて味をととのえる。
❸ うどんがゆで上がったらざるに
上げ、流水の下で洗い、水けをきる。
②の鍋に加え、うどんが温まったら
にらを加えてひと煮する。器に盛り、
しょうがをのせる。

にら

刻んで、香りと柔らかさを味わう。

春

「にらの香りは、いりこやあごなどの
力強いだしと相性がいいみたい。
細めのうどんに具材がよくからみます」

一年じゅう手に入りますが、
春は特に香りが華やかに、葉
も柔らかくなります。細かく
刻み香りを立たせる、長めの
まま食感を生かすなど、アイ
ディアが次々に浮かぶ素材。

44

にらたっぷり
もちもちチヂミ

1/4量で239kcal　塩分0.9g

材料（3〜4人分）

にら・・・・・・・・・・	小1束（約80ｇ）
じゃがいも・・・・・・	4個（約500ｇ）
ハム・・・・・・・・・・・・・・・	1枚
塩・・・・・・・・・・・・・・・・・	少々
酢、しょうゆ・・・・・・・・・	各適宜
油・・・・・・・・・・・・・・・・	小さじ2

作り方

❶ にらは長さ4cmに切る。じゃがいもは皮をむいてすりおろす（新じゃがの場合はざるに入れてかるく水けをきる）。ハムは半分に切り、端から細切りにする。

❷ ボールにすりおろしたじゃがいもとハム、塩、にらを入れて混ぜ合わせる。

❸ フライパンに油を中火で熱し、②を1/8〜1/6量ずつスプーンですくって並べ入れる（一度に焼けないときは、2回に分ける）。こんがりと焼き色がつくまで両面を3〜4分ずつ焼き、酢じょうゆをつけていただく。

「すりおろしたじゃがいもを使い、粉を加えずに作ります。もちもちの生地が、にらの個性を引き立てるんです」

グリーンピースの薄甘煮

1/6量で23kcal 塩分0.5g

「味つけは薄めにし、豆の青々しい風味を生かして。
豆を煮汁の中でさますと、しわも寄らずふっくら」

材料(作りやすい分量)
グリーンピース(さやつき)‥‥‥‥ 300g
だし汁(P112参照)‥‥‥‥‥‥ 1 1/2カップ
砂糖、薄口しょうゆ‥‥‥‥‥ 各小さじ1

作り方
❶ グリーンピースはさやから豆を出し、さっと洗って、水けをきる。
❷ 鍋に材料をすべて入れ、中火にかける。ふつふつと煮立ったら弱火にし、6〜7分煮て、そのまま煮汁ごとさます。
●煮汁ごと密閉容器に入れ、冷蔵で3日ほど保存可。

ほくほくの豆ご飯に

材料(3〜4人分)と作り方
炊きたてのご飯2合分に、かるく汁けをきった「グリーンピースの薄甘煮」の1/2量(約80g)と塩ふたつまみを加え、さっくりと混ぜる。

こんなふうに食べても

●卵液に混ぜ込み、
洋風オムレツに

●ベーコンとともにバターで炒め、おつまみに

●ゆでたパスタにさっとからめて

みずみずしいぶん、あしも早い春野菜は、買ってきたらすぐ調理し、食べきれない分は常備菜に。
芽生えの季節ならではの、やさしい色あいと甘みを生かした味つけで楽しみます。

新玉ねぎと新にんじんの甘酢マリネ

1/6量で54kcal　塩分1.0g

「柔らかな新玉ねぎと新にんじんを、さっぱりした甘酢であえて。アレンジもきくので、たっぷり作って」

材料(作りやすい分量)
新玉ねぎ・・・・・・・・・・・・・・ 2個(約400g)
新にんじん・・・・・・・・・・・・ 2本(約300g)
〈甘酢〉
　酢・・・・・・・・・・・・・・・・・・・・ 大さじ6
　砂糖・・・・・・・・・・・・・・・・・・ 大さじ3
　塩・・・・・・・・・・・・・・・・・・・・ 小さじ1
塩・・・・・・・・・・・・・・・・・・・・・・ 小さじ1/2

作り方
❶ 新にんじんは皮をむき、スライサーでせん切りにする。塩を加えてさっと混ぜ、15分ほどおいて、水けをしっかりと絞る。
❷ 新玉ねぎは縦半分に切り、縦に薄切りにする。ボールに甘酢の材料を混ぜ、新玉ねぎを入れて混ぜる。新にんじんを加えてさっと混ぜ、1〜2時間おいて味をなじませる。
●甘酢ごと密閉容器に入れ、冷蔵で5日ほど保存可。

パリパリチキンソテーに

材料(2人分)と作り方
❶ 鶏もも肉(小) 2枚(約400g)は余分な脂肪を取り除き、塩ふたつまみ、こしょう少々をふる。
❷ フライパンに油をひかずに皮目を下にして並べ入れて中火にかける。フライ返しでときどき押さえながら6分ほど焼き、裏返して5分ほど焼いて、器に盛る。
❸ フライパンの汚れを拭き、「新玉ねぎと新にんじんの甘酢マリネ」の1/5量(約1カップ)を入れて1分ほど炒め、チキンソテーに等分にのせる。

こんなふうに食べても

●パンにはさんで　朝ごはんに

●白身魚の刺し身の下に敷いて、カルパッチョに

●汁けを絞って肉だねに混ぜて、ハンバーグに

トマトと牛肉のバジル炒め

1/3量で**182**kcal　塩分**0.6**g

材料（2〜3人分）
牛こま切れ肉・・・・・・・・・・・・・120g
ミディトマト・・・・・・・・・・・・・・6個
　（なければトマト2個）
バジルの葉・・・1パック分（約15g）
にんにくのみじん切り・・・1/2かけ分
塩・・・・・・・・・・・・・・・・・・・・適宜
こしょう・・・・・・・・・・・・・・・少々
オリーブオイル・・・・・・・大さじ1

作り方
❶ トマトはへたを取り、一口大に切る。牛肉は食べやすく切り、塩小さじ1/4、こしょうをふる。
❷ フライパンに、にんにくとオリーブオイルを入れて中火にかけ、香りが立ったら、牛肉を加えて炒める。肉の色が変わったら、トマトを加えてさっと炒め、塩少々を加えてさらに炒める。バジルの葉を加えて、さっと混ぜる。

「パパッと作れる炒めものは、暑い日にうれしい。トマトの酸味とバジルの香りでさわやかに」

トマト

加熱し、甘みとうまみを凝縮させる。

夏

夏、近所の直売場には真っ赤に熟したトマトが、小山のように並びます。それは、私が毎年楽しみにしている光景。生だけでなく加熱することで、さらに使い道が広がります。

48

「旬の盛りのトマトは、
夏の恵みがぎゅっと詰まった豊かさ。
皮がはじけるくらいしっかり焼くと、
とろける口当たりに」

焼きトマト

1人分83kcal　塩分0.3g

材料（2人分）
トマト‥‥‥‥‥‥ 2個（約300g）
塩、粗びき黒こしょう‥‥‥ 各適宜
オリーブオイル‥‥‥‥‥ 大さじ1

作り方
❶ トマトはへたを取り除き、横半分に切る。
❷ フライパンにオリーブオイルを中火で熱し、トマトを切り口を下にして並べる。両面を3〜4分ずつ、皮がめくれて少しとろりとするまでじっくり焼く。器に盛り、塩、粗びき黒こしょうをふる。

トーストにのせて

トマトの果汁をたっぷり吸わせたパンも、またおいしい。

ご飯にのせて

焼きのり、半熟の目玉焼きとともにご飯にのせて。しょうゆをたらし、黄身をくずして。

なすのとろとろしょうが焼き

1人分236kcal 塩分2.6g

材料（2人分）

なす・・・・・・・・・・・・・・ 3個（約240ｇ）
片栗粉・・・・・・・・・・・・・・ 大さじ2
〈たれ〉
　しょうがのすりおろし
　・・・・・・・・・・・・・・ 大1かけ分
　酒、しょうゆ・・・・・・・ 各大さじ2
　砂糖・・・・・・・・・・・・・ 大さじ1½
　みりん・・・・・・・・・・・・ 小さじ2
油・・・・・・・・・・・・・・・・ 大さじ2

作り方

① なすはへたを切り、幅1.5cmの斜め切りにする。水に5分ほどさらして水けをしっかりと拭き、片栗粉をまぶす。たれの材料を混ぜる。

② フライパンに油を中火で熱し、なすを入れて両面を4分くらいずつこんがりと焼く。焼き上がったものからいったん取り出す。続けてフライパンにたれを入れて中火で熱し、ふつふつと煮立ったら、なすを戻し入れて、さっと煮からめる。

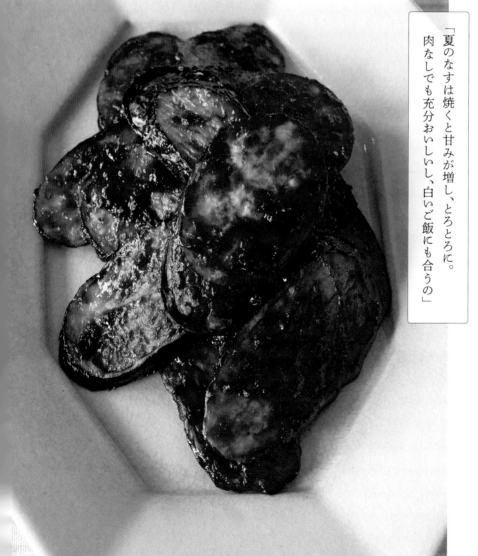

素朴な甘辛味がよく合う、夏野菜の主役！

なす

夏

「夏のなすは焼くと甘みが増し、とろとろに。肉なしでも充分おいしいし、白いご飯にも合うの」

旬のなすは、ぶっくり太って肉厚。もうそれだけで充分なおいしさ。田舎風の甘辛味で食べると、ほっとなごみますよ。

なすの田舎煮

1/4量で64kcal　塩分1.2g

材料(作りやすい分量)
なす・・・・・・・・・・・・・・・・・・・・・ 5個
だし汁(P112参照)・・・・・ 約2カップ
しょうゆ、砂糖・・・・ 各大さじ2 1/2
ごま油・・・・・・・・・・・・・・・ 大さじ1

作り方
❶ なすはへたを落として縦半分に切り、皮目に斜めに切り込みを5mm間隔で入れる。たっぷりの水に10分ほどさらし、ざるに上げる。
❷ 深めのフライパンか鍋にごま油と、なすを皮目を下にして入れて中火にかけ、さっと炒める。だし汁、しょうゆ、砂糖を加えて落としぶた(P7参照)をし、なすがしんなりするまで弱めの中火で15分ほど煮る。くたくたに柔らかくなったら火を止め、そのままさます。
●煮汁ごと密閉容器に入れ、冷蔵で3日ほど保存可。

稲庭うどんやそうめんにのせて

ゆでて氷水でしめた麺に煮汁ごとのせ、しょうがやみょうがなどの薬味とともに。

温めて大根おろしをのせて

煮汁ごと温めなおしたら、冷たい大根おろしをたっぷりのせて。この「ひやあつ」で食べるのが、たまらなくおいしい!

まるごとピーマンのじりじり焼き

1人分45kcal　塩分0.7g

材料（2人分）
ピーマン・・・・・・・・・・・・・・・・・ 4個
削り節・・・・・・・・ ½パック（約2.5g）
塩・・・・・・・・・・・・・・・ ふたつまみ
オリーブオイル・・・・・・・・ 大さじ1

作り方

❶ ピーマンはよく洗う。水けをつけたまま鍋に入れてオリーブオイルを回しかけ、ふたをして中火で1分ほど蒸し焼きにする。

❷ ちりちりと音がしたら火を弱め、焦げないようときどき鍋を揺すりながら、ふたをしたまま10分ほど蒸し焼きにする。器に盛って塩をふり、削り節をかける。

ちりちり音がしはじめたら、鍋を揺すって。

ピーマン

まるごと調理すれば、種までぺろりと食べられる。

夏

「じっくり蒸し焼きにすると、種もわたも食べられるほど甘く！ピーマンは小ぶりのものを選んで」

独特の青臭さがおいしいピーマン。そのまません切りにしてナムルにしたりもしますが、おすすめはまるごと調理。こうすると種ごと食べられるし、甘みも凝縮されて絶品です。

52

ピーマンの肉詰め

1人分359kcal 塩分2.0g

「ピーマン1個をまるごと使い、中に肉だねを詰めます。肉だねがピーマンからはがれる心配もない、おすすめの作り方」

材料（2人分）

ピーマン・・・・・・・・・・・・・・・ 6〜8個
〈たね〉
　鶏ひき肉※・・・・・・・・・・・・・ 250g
　玉ねぎのみじん切り・・・・・ 1/4個分
　パン粉・・・・・・・・・・・・ 大さじ1 1/2
　溶き卵・・・・・・・・・・・・・・・・ 1/2個分
　塩・・・・・・・・・・・・・・・・・ 小さじ1/3
　こしょう・・・・・・・・・・・・・・・ 少々
　しょうゆ・・・・・・・・・・・ 小さじ1
キャベツの葉・・・・・・ 2枚（約120g）
小麦粉・・・・・・・・・・・・・・・・・・ 適宜
とんかつソース・・・・・・・・・・・ 適宜
油・・・・・・・・・・・・・・・・・・・・ 小さじ2
※豚ひき肉や合びき肉で作るのもおすすめ。

作り方

❶ ピーマンはへたの部分を切り落とし、スプーンで種と皮がくっついている部分を切り離す（へたもとっておく）。種は中に押し込むか、くりぬく。

❷ ボールにたねの材料をすべて入れ、粘りが出るまで練り混ぜる。ピーマンの内側とへたの内側に茶こしを通して薄く小麦粉をふり、たねを等分にすきまなく詰め、へたでふたをする。

❸ フライパンに②を並べて周囲から油を加え、弱めの中火にかける。ころがしながら全体に焼き色がつくまで3分ほど焼く。水1/4カップを注いで中火にし、ふたをして5〜6分蒸し焼きにする。キャベツはせん切りにして器に敷き、ピーマンの肉詰めを盛る。とんかつソースをかけていただく。

塩ゆでしてから、料理に活用。

夏

焼きもろこし

1人分172kcal 塩分1.5g

材料（2人分）
ゆでとうもろこし（P55参照）
・・・・・・・・・・・・・・・・・・・・・ 2本
しょうゆ・・・・・・・・・ 大さじ1～2

作り方
とうもろこしは食べやすい大きさに
切る。フライパンを中火で熱し、と
うもろこしを入れてころがしながら
焼く。全体に焼き色がついたら、し
ょうゆを刷毛で塗る。

しょうゆは焼き色がついてから、刷毛で。早いうちに塗ると、焦げつくので注意して。

「香ばしいしょうゆの香りがそそる、屋台風。子どもはおやつに、大人はビールと。ひとつ、またひとつ、ついつい手がのびます」

夏だけ出回る生のとうもろこし。うちでは買ったらすぐまとめてゆでて、まずはそのまま味わいます。あとは自然の甘みが引き立つ料理に使って。

とうもろこしのパスタ

1人分579kcal 塩分2.1g

材料（2人分）
とうもろこし・・・・・・・・・・・・・・ 2本
スパゲティ・・・・・・・・・・・・・・・ 160g
パセリのみじん切り・・・・・・・・ 少々
塩・・・・・・・・・・・・・・・・・・・・・・ 適宜
オリーブオイル・・・・・・・・ 大さじ2

作り方
❶ とうもろこしは下記を参照して塩ゆでする（ゆで汁はとっておく）。粗熱が取れたら身をそぎ取る（しんはとっておく）。

❷ ゆで汁を再び沸かし、スパゲティをしんとともに加え、袋の表示どおりにゆでる。フライパンにオリーブオイル、とうもろこしを入れ、油がなじむまで中火で炒める。スパゲティがゆで上がったら湯をきって加え、よくからめる。味をみて、ゆで汁少々を加えてからめ、器に盛ってパセリをふる。

ゆで汁には、とうもろこしのだしがたっぷり。しんも加えて、パスタに風味を吸わせます。

「とうもろこしをゆでた湯で、しんといっしょにスパゲティをゆで、風味をうつします。パルミジャーノをふって食べても」

とうもろこしの塩ゆで

材料（作りやすい分量）と作り方
❶ とうもろこし5本はひげ根ごと皮をむく。大きめの鍋にたっぷりの湯を沸かし、塩適宜を加える（湯3ℓに対し、塩大さじ2弱が目安）。とうもろこしを入れ、7〜8分中火でゆでる。ひと粒食べてみて、ゆでかげんを確認するとよい。

❷ ざるに上げて水けをきる。熱いうちにラップで包むと、粒のしわ防止に。

※みそ汁の具やスープにもおすすめ。身をそぎ、牛乳や豆乳といっしょにミキサーで撹拌すれば、ポタージュにも。
● さめたら身をそいで冷凍用保存袋に入れ、冷凍で2週間ほど保存可。

鮮度が命。まずはまとめて塩ゆでを。

「揚げた枝豆のほくほく感が大好きで、暑さもいとわず作りたくなります。ビールや麺類にもぴったり」

枝豆入りかき揚げ
1人分267kcal 塩分0.4g

材料（2人分）
枝豆（さやつき）‥‥‥ ½袋（約100ｇ）
むきえび（中）‥‥‥‥ ６尾（約120ｇ）
玉ねぎ‥‥‥‥‥‥‥ ½個（約100ｇ）
小麦粉‥‥‥‥‥‥‥‥‥‥‥‥‥‥ 適宜
片栗粉‥‥‥‥‥‥‥‥‥‥‥‥‥‥ 少々
塩‥‥‥‥‥‥‥‥‥‥‥‥‥‥‥‥ 適宜
揚げ油‥‥‥‥‥‥‥‥‥‥‥‥‥‥ 適宜

作り方
❶ 枝豆はP57を参照し、塩ゆでする。さやから出して約½カップ用意する。玉ねぎは縦に薄切りにする。えびは背わたを取り除いてボールに入れ、片栗粉をまぶしてから洗う。水けを拭いて３等分に切る。

❷ ボールに枝豆、玉ねぎ、えびを入れて小麦粉大さじ１½をふり、さっくりと混ぜる。別のボールに小麦粉¼カップ、冷水¼カップ弱を入れて菜箸でさっくりと混ぜ、ころもを作る。

❸ 揚げ油を中温（170℃～180℃。P７参照）に熱する。計量カップなどの小さめの器に、②の具の⅛～⅙量を入れ、ころも大さじ１強を加えてかるくあえる。揚げ油にそっと入れ、続けて同様に２～３個を作って油に入れる。ときどき返しながら３～４分揚げ、取り出して油をきる。残りも同様に揚げて器に盛り、塩適宜を添える。

６月～８月の暑い盛りに旬を迎える枝豆。とにかく鮮度が大事な野菜なので、買ったらすぐまとめて塩ゆでに。食卓に枝豆を使った料理がひと皿あるだけで、ぐんと夏らしくなりますよ。

枝豆の香味あえ

1/4量で**64**kcal 塩分**0.7**g

「香味だれにさやごと漬け込んだ、うちの自慢のおつまみ。ラー油や豆板醤を加えるのもおすすめ」

材料（作りやすい分量）
枝豆（さやつき）‥‥ 1袋（約200g）
〈香味だれ〉
　ねぎのみじん切り‥‥‥‥ 10cm分
　にんにくのみじん切り
　‥‥‥‥‥‥‥‥‥‥ 1かけ分
　しょうがのみじん切り
　‥‥‥‥‥‥‥‥‥‥ 1かけ分
　しょうゆ‥‥‥‥‥‥ 大さじ2
　白すりごま、ごま油
　‥‥‥‥‥‥‥‥ 各大さじ1
塩‥‥‥‥‥‥‥‥‥‥‥‥ 適宜

作り方
❶ 枝豆はさやの両端を切る。下記を参照し、塩ゆでする。
❷ ボールに枝豆をさやごと入れて香味だれの材料を加えてあえ、ラップをかけて冷蔵庫で2〜3時間置く。
●密閉容器に入れ、冷蔵で2〜3日保存可。

枝豆の塩ゆで

材料（作りやすい分量）と作り方

❶ 枝豆（さやつき）1袋（約200g）は、枝からもぐ。さやの両端をキッチンばさみで切り、さっと洗う。両端を切ると、塩味がよくしみる。

❷ ボールに入れ、塩大さじ1弱を加えて手でよくもむ。

❸ 大きめの鍋にたっぷりの湯を沸かす。②を塩をつけたまま入れ、7〜8分中火でゆでる。水けをきり、ざるに広げて粗熱を取る。
●密閉容器に入れ、冷蔵で3日ほど保存可。

塩もみゴーヤーとささ身のサラダ

⅓量で103kcal　塩分1.0g

材料（2～3人分）
ゴーヤー・・・・・・・・・・ 1本（約280g）
鶏ささ身・・・・・・・・・ 2本（約120g）
塩・・・・・・・・・・・・・・・・・ 適宜
酒・・・・・・・・・・・・・・・・ 大さじ2
ごま油・・・・・・・・・・・・ 大さじ1

作り方
❶ ゴーヤーは縦半分に切ってわたと種を除き、横にごく薄く切る。塩小さじ½をまぶして10分ほどおき、さっと洗って水けを絞る。この作業をもう2回繰り返す。
❷ ささ身は筋を除き、小さめの鍋かフライパンに入れ、酒をふる。ひたひたになるように水を加え、ふたをして中火にかける。沸騰したら火を止め、そのままさます。小さめに裂き、塩ふたつまみを加えてあえる。
❸ ボールにゴーヤーとささ身を入れ、ごま油をふってさっとあえる。

塩もみを3回ほど繰り返すと、苦みが抜けてシャキシャキとした食感が際立ちます。

「最近特にはまっている、ゴーヤーの食べ方。パリッとした歯ざわりが、とにかく新鮮！」

ゴーヤー

苦みをやわらげるひと工夫で、食べやすく。

夏

ゴーヤーはここ数年で、レシピがまた増えました。魅力でもある独特の苦みは、料理によって工夫してやわらげて。ごく薄切りのシャキシャキ食感も、夏らしいさわやかさ。

ゴーヤーの甘辛肉詰め

1/3量で**204**kcal 塩分**1.6**g

材料（2〜3人分）
ゴーヤー・・・・・・・・・・ 1本（約280g）
〈たね〉
　豚ひき肉・・・・・・・・・・・・・・ 150g
　玉ねぎのみじん切り・・・・・ 1/4個分
　しょうゆ・・・・・・・・・・・ 小さじ1
　塩・・・・・・・・・・・・・・・ 小さじ1/4
　パン粉・・・・・・・・・・・・ 大さじ1
塩・・・・・・・・・・・・・・・・ 小さじ1/2
小麦粉・・・・・・・・・・・・・・・・・ 適宜
〈ソース〉
　トマトケチャップ、中濃ソース
　　・・・・・・・・・・・・・・ 各大さじ1 1/2
油・・・・・・・・・・・・・・・・ 大さじ1

作り方
❶ ゴーヤーは幅1.5cmの輪切りにしてわたと種を除き、塩をまぶして10分ほどおく。たねの材料を混ぜる。
❷ ゴーヤーをさっと洗って水けを拭き、切り口が上下になるように置く。内側に小麦粉をふり、たねを少し盛り上がるくらいに詰める。
❸ フライパンに油を中火で熱し、ゴーヤーを平らな面を下にして並べる。こんがりと焼き色がついたら上下を返す。弱めの中火にし、ふたをして5分ほど蒸し焼きにして、器に盛る。同じフライパンにソースの材料を入れて温め、ゴーヤーにかける。

「ケチャップをきかせた洋風の甘辛味に、ほのかな苦みがよく合います。蒸し焼きにすると中までしっかり火が通り、ゴーヤーも柔らかく」

おいしさを引き立てるのは、じつは油。

夏

「大きめに切って焼くと、驚くほどジューシーに。こくのあるツナマヨソースで、食べごたえも充分」

ズッキーニのステーキ ツナマヨソース

1/3量で304kcal　塩分0.9g

材料（2〜3人分）
ズッキーニ・・・・・・・　3本（約450ｇ）
〈ツナマヨ〉
　ツナ缶詰(70ｇ入り)・・・・・・　2缶
　玉ねぎのみじん切り・・・・・　1/8個分
　マヨネーズ・・・・・・・・・・　大さじ3
　塩・・・・・・・・・・・・・・・・・・・・・・　適宜
オリーブオイル・・・・・・・　大さじ2

作り方
❶ 玉ねぎは塩ふたつまみをふって5分ほどおき、さっと洗って水けをしっかりと絞る。ズッキーニはへたごと縦半分に切る。
❷ フライパンにオリーブオイルを中火で熱し、ズッキーニを切り口を下にして並べ入れる。こんがりと焼き色がつくまで4分ほど焼く。上下を返してふたをし、3分ほど蒸し焼きにする。
❸ ボールにツナ缶を缶汁ごとあけ、玉ねぎとマヨネーズを加えて混ぜ、塩適宜で味をととのえる。器にズッキーニを盛り、ツナマヨをかける。

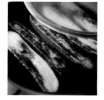

初めにしっかりと焼き色をつけてから蒸し焼きにすることで、中は柔らかな口当たりに。

かぼちゃの仲間ですが、水分を多く含むので、なすに近い味わいがあります。なすと同様に油と相性がいいので、ちょっと多めの油で料理するのがおすすめ。

ズッキーニと帆立てのカルパッチョ

1人分 **144** kcal 塩分 **1.2** g

材料（ 2人分 ）
ズッキーニ‥‥‥‥‥　1本（約150 g ）
帆立て貝柱（刺し身用）
　‥‥‥‥‥‥‥‥　5個（約160 g ）
レモン汁‥‥‥‥‥‥‥‥　¼個分
塩‥‥‥‥‥‥‥‥‥　ふたつまみ
粗びき黒こしょう‥‥‥‥‥　適宜
オリーブオイル‥‥‥　大さじ 1 ～ 2

作り方
❶ ズッキーニは両端を切り、薄い
輪切りにする。帆立ては厚みを3等
分に切る。
❷ 鍋に湯を沸かし、ズッキーニを
入れてさっとゆで、水けをしっかり
ときって粗熱を取る。器にズッキー
ニと帆立てを交互に並べて盛る。塩、
粗びき黒こしょう、レモン汁をふり、
オリーブオイルを回しかける。

「さっとゆでたズッキーニと
帆立てを盛り合わせるだけ。
簡単だけれど華やかで、
おもてなしにもぴったり」

オクラのキムチ風

1/4量で28kcal 塩分0.5g

材料（作りやすい分量）

オクラ・・・・・・・・・・・・・・・・・・ 8本
塩・・・・・・・・・・・・・・・・・・ 小さじ1/4
〈たれ〉
　にらの粗いみじん切り
　・・・・・・・・・・・・・・・ 2～3本分
　しょうゆ、ごま油・・・ 各小さじ2
　粉唐辛子・・・・・・・・ 小さじ1～2

作り方

❶ オクラはへたの先を切り、がくのまわりを薄くむく。塩をまぶしてまな板の上でころがす。バットに重ならないように並べ、ラップをかけて別のバットや皿で重しをし、冷蔵庫で一晩置く。

❷ オクラを取り出して水けを拭く。バットを洗って水けを拭き、たれの材料を入れて混ぜ、オクラを戻し入れてからめる。ラップをかけて再び重しをし、冷蔵庫で半日以上漬ける。

●密閉容器に入れ、冷蔵で3～4日保存可。

塩漬けにしたオクラに、たれをからめて再び漬けます。少量からバットで作れるので気軽。

まるごと、または刻んで食感を楽しむ。

「にらと唐辛子入りのたれに漬けて、韓国風に。生のオクラの食感と風味が、一度食べたらくせになります」

独特のねばねば食感と栄養価の高さが魅力。夏バテ予防にとりたい野菜です。刻んで粘りを生かすほか、まるごと生のまま使い、風味を際立たせる食べ方もお気に入り。

オクラの冷や汁

$\frac{1}{3}$量で **263**kcal 塩分**1.0**g

「宮崎名物の汁かけご飯を、オクラを主役に作りました。夏場の食欲のないときも、さらりと食べられます」

材料（2〜3人分）

オクラ・・・・・・・・・・・・・・・・・・ 5本
豆腐（木綿または絹ごし）
・・・・・・・・・・・・・ 1丁（約300g）
きゅうり・・・・・・・・・・・・・・・・・ 1本
みょうが・・・・・・・・・・・・・・・・・ 1個
しょうがのすりおろし・・・ 1かけ分
だし汁（P112参照、いりこだしなど）
・・・・・・・・・・・・・・・・・ 2カップ
みそ・・・・・・・・・・・・・ 大さじ1〜2
塩・・・・・・・・・・・・・・・・・・・・・ 適宜
温かいご飯・・・・・・ 茶碗2〜3杯分

作り方

❶ ボールにだし汁（温かいもの）を入れてみそを溶き、粗熱を取って冷蔵庫に入れて冷やす。豆腐はざるにのせて15〜20分おき、水けをきる。

❷ きゅうりは両端を切り、薄い小口切りにして塩少々をふり、10分ほどおく。オクラは塩少々を加えた熱湯で色鮮やかになるまでさっとゆで、ざるに上げて粗熱を取る。へたを落とし、薄い小口切りにする。みょうがは縦半分に切り、横に薄切りにする。

❸ きゅうりは水けをしっかり絞る。器に一口大にくずした豆腐、オクラ、きゅうり、みょうが、しょうがを入れる。食べる直前に❶の汁を器に注ぐ。汁をかるく混ぜながらご飯にかけていただく。

あじのなめろう 薬味のせ

1/3量で **75**kcal 塩分 **0.9**g

材料（2〜3人分）

あじの刺し身
‥‥‥‥‥ 小2尾分（150〜160g）
青じその葉‥‥‥‥‥‥‥‥ 5枚
みょうが‥‥‥‥‥‥‥‥‥ 1個
新しょうが（またはしょうが）
‥‥‥‥‥‥‥‥‥‥‥‥ 1かけ
みそ‥‥‥‥‥‥ 大さじ1〜1½
しょうゆ‥‥‥‥‥‥‥‥‥ 少々

作り方

❶ 青じそは軸を切り、みょうがは縦半分に切り、しょうがは皮をむいて、ともにせん切りにする。合わせて水にさらし、パリッとしたら水けをきる。

❷ まな板にあじをのせて細かく切る。みそをのせて包丁でたたき、全体をなじませる。しょうゆを加えてさらにたたき、器に盛る。①をのせていただく。

みそをのせたら、包丁で上下を返したり、たたいたりし、まな板の上で全体をなじませて。

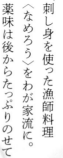

「刺し身を使った漁師料理〈なめろう〉をわが家流に。薬味は後からたっぷりのせて、清涼感を際立たせます」

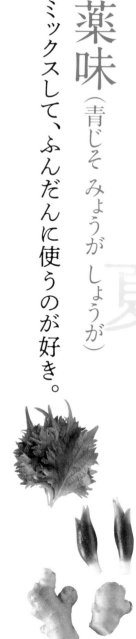

薬味（青じそ みょうが しょうが）

ミックスして、ふんだんに使うのが好き。

夏

すっきりとした香りが魅力の薬味。食欲をそそる効果もあるので、暑い盛りにこそ、上手に活用したいものです。名わき役といわず主役にして、たっぷりと使って。

夏薬味の
しょうゆあえ

$\frac{1}{6}$量で**7**kcal　塩分**0.9**g

材料（作りやすい分量）
みょうが・・・・・・・・・・・・・・・・・・・　3個
青じその葉・・・・・・・・・・・・・・・・　10枚
しょうが・・・・・・・・・　2かけ（約30g）
しょうゆ・・・・・・・・・・・・・・・　大さじ 2

作り方
みょうがは薄い小口切りにする。青じそは軸を切り、幅7～8mmに切る。しょうがは皮をむいてせん切りにする。ともに水にさらして5分ほどおき、水けをきる。しょうゆを加えてあえ、30分ほどおく。
●密閉容器に入れ、冷蔵で3日保存可。

「薬味を刻んで香りを立たせたら、しょうゆ漬けに。夏の冷蔵庫のスタメンです」

そうめんにあえて

ゆでて、氷水でしめたそうめん3束分に、しょうゆあえ大さじ3～4、ごま油大さじ1½をよくからめて。

ゆで卵にのせて

縦半分に切ったゆで卵3個分に、しょうゆあえ大さじ3を等分にのせて。

蒸し鶏にのせて

鶏もも肉（小）1枚（約200g）は余分な脂肪を取り除き、塩小さじ½、酒大さじ1をもみ込む。耐熱皿にのせてふんわりとラップをかけ、電子レンジで5分加熱する。粗熱が取れたら食べやすく切り、蒸し汁をからめる。しょうゆあえ大さじ3をのせる。

ゴーヤーの
つくだ煮

1/5量で**56**kcal 塩分**1.5**g

「ご飯がすすむ、しっかり味に。
夏らしく、ほんの少し酢をきかせるのがポイント」

材料(作りやすい分量)
ゴーヤー‥‥‥‥‥‥‥‥ 1本(約300g)
いりこ‥‥‥‥‥‥‥‥‥‥‥‥‥ 20g
塩‥‥‥‥‥‥‥‥‥‥‥‥‥‥ 小さじ1/3
酒、みりん‥‥‥‥‥‥‥‥‥ 各40mℓ
砂糖、酢‥‥‥‥‥‥‥‥‥ 各大さじ1
薄口しょうゆ(なければしょうゆ)
‥‥‥‥‥‥‥‥‥‥‥‥‥‥ 大さじ2

作り方
❶ ゴーヤーは縦半分に切り、スプーンでわたと種を取る。幅5mmに切り、塩をふってしばらくおき、水けを拭く。いりこはフライパンでからいりする。
❷ 小鍋に酒とみりんを入れて中火にかけ、煮立てる。砂糖、酢、薄口しょうゆを加えて1分ほど煮る。ゴーヤーを加えて3分ほど炒め煮にし、しんなりとしたらいりこを加える。煮汁がなくなるまで炒め煮にし、バットに広げてさます。
●密閉容器に入れ、冷蔵で1週間ほど保存可。

炊きたての白いご飯にのせて

材料(1人分)と作り方
器に温かいご飯茶碗1杯分を盛り、「ゴーヤーのつくだ煮」大さじ1〜2をのせる。

こんなふうに食べても

●冷ややっこに、
　たっぷりのせて

●夏のそうめんの
　お供に

●お弁当のすき間
　おかずに

おなじみのトマトだけでなく、おすそわけなどでいただくことの多いゴーヤーも、
じつは常備菜向きの素材。アレンジしだいで、夏のランチにも活躍します。

甘トマトソース

⅕量で46kcal　塩分0.4g

「水も加えず、ひたすらトマトの水分で煮るだけ。
その分、甘みがぎゅっと凝縮された絶品ソースに」

材料（作りやすい分量）
トマト（完熟のもの）・・・ 8 ～10個（約1.5kg）
塩・・・・・・・・・・・・・・・・・・・・・ 小さじ⅓

作り方
❶ トマトはへたを取り、縦4等分に切る。
厚手の鍋に入れてふたをし、中火にかける。
煮立ったら火を弱め、10分ほど煮る。一度
かるく混ぜてふたをし、トマトがかぶるく
らいの水けが出るまで、5分ほど煮る。
❷ ふたを取り、焦げないようにときどき
混ぜながら、煮汁が半分くらいになるまで
30分ほど煮つめる。塩を加えて混ぜる。
●密閉容器に入れ、冷蔵で4日ほど保存可。冷凍す
　る場合は冷凍用保存袋に入れ、1カ月ほど。

シンプルなトマトパスタに

材料（2人分）と作り方
❶ 鍋に湯2ℓを沸かし、塩小さじ2を加える。
スパゲティ160gを袋の表示どおりゆではじめる。
❷ フライパンに「甘トマトソース」おたま2½杯
分を入れ、中火にかける。ふつふつとしたら、ス
パゲティを汁けをきって加え、からめる。器に盛
り、パルミジャーノ・レッジャーノ適宜を削って
ふる。

──── こんなふうに食べても ────

●肉や魚のソテー
　にかけて

●めんつゆに加え、
　そうめんのつけ
　だれに

●水で溶きのばし、
　スープに

れんこんと鶏肉の甘辛煮

¼量で**234**kcal　塩分**1.5**g

材料（3〜4人分）

れんこん・・・・・・・・・ 2節（約400g）
鶏もも肉・・・・・・・・・ 1枚（約250g）
砂糖・・・・・・・・・・・・・ 大さじ1½
しょうゆ・・・・・・・・・・ 大さじ2
油・・・・・・・・・・・・・・・ 大さじ1

鍋を揺すりながら汁を具材にからめて。だん煮汁につやが出て、とろりとしてきます。

作り方

❶ れんこんは皮をむいて大きめの乱切りにし、水に5分ほどさらして水けをきる。鶏肉は余分な脂肪を取り除き、一口大に切る。

❷ 鍋に油とれんこん、鶏肉を入れ、中火にかけて炒める。全体に油が回ったら、水1½カップを注ぎ、砂糖を加えて混ぜる。煮立ったら落としぶた（P7参照）をして弱めの中火にし、れんこんに竹串がすーっと通るまで15分ほど煮る。

❸ 落としぶたを取ってしょうゆを加え、中火にして鍋を揺すりながら、汁けがほとんどなくなるまで煮つめる。

「大きめに切ったれんこんの、ほくっとした食感が好き。最後はつやが出るまで煮からめるのが、おいしさの秘訣です」

れんこん

切り方を変え、さまざまな食感で味わう。

秋

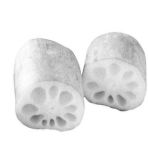

9月に入ると収穫が始まり、みずみずしい新れんこんが出回ります。れんこんは切り方ひとつで表情が変わるのが魅力。私にとって、料理が楽しくなる野菜です。

「れんこんはすりおろすと、
もちもちの食感に変身。
薄切りものせ、シャキッとした
歯ざわりと両方楽しみます」

れんこんの
おやき

1人分**257**kcal 塩分**1.1**g

材料（2人分）

れんこん（大）・・・・・・ 1節（約300 g）
むきえび・・・・・・・・・・・・・・・・・・ 80 g
三つ葉・・・・・・・・・・・・・・・・・・・・ 5本
A 小麦粉・・・・・・・・・・・ 大さじ4
　 塩・・・・・・・・・・・・・・・ 小さじ¼
片栗粉・・・・・・・・・・・・・・・ 小さじ2
小麦粉、ポン酢しょうゆ・・・ 各適宜
油・・・・・・・・・・・・・・・・・・・ 大さじ1

れんこんは皮ごとすり
おろし、風味よく。汁
けもうまみなので、捨
てずに使います。

作り方

❶ れんこんは端の皮を少しだけむ
き、6〜8枚薄切りにする。残りは
皮ごとすりおろし、Aを加えて混ぜ、
たねを作る。三つ葉は長さ1 cmに切
る。えびは背わたを取り、片栗粉を
もみ込む。さっと洗って水けを拭き、
幅1 cmに切る。

❷ フライパンに油を中火で熱し、
たねを⅙量くらいずつすくって落と
す。えび、三つ葉の順に等分にのせる。
薄切りのれんこんの片面に薄く
小麦粉をまぶし、まぶした面を下に
してたねに1〜2枚ずつのせ、3分
ほど焼く。

❸ こんがりと焼き色がついたら、
フライ返しでそっと返し、弱めの中
火にして4〜5分焼く。器に盛り、
ポン酢しょうゆでいただく。

じゃがいも

肉のうまみやミルクのこくを、存分に含ませて。

材料（作りやすい分量）

じゃがいも・・・・・・・・・ 4個（約600 g）
牛乳・・・・・・・・・・・・・・・ 1〜2カップ
バター・・・・・・・・・・・・・・・・・・ 50 g
塩・・・・・・・・・・・・・・・・ 約小さじ½
ベーコン（かたまり）・・・・・・・・ 適宜
好みで粗びき黒こしょう・・・・・ 適宜

作り方

① じゃがいもは皮をむいて一口大に切る。鍋に入れてかぶるくらいの水を注ぎ、中火でゆでる。竹串がすーっと通るくらいまで柔らかくなったら湯を捨て、再び中火にかけてかるく粉ふきにする。火を止め、熱いうちにフォークやマッシャーでなめらかにつぶす。

② バターを加えて混ぜ、全体になじませる。牛乳を少しずつ加えながら弱めの中火にかけ、好みの濃度にのばす。塩を加えて味をととのえ、器に盛る。

③ ベーコンは横に幅1cmに切り、フライパンに並べて中火で焼く。両面に焼き色がついたらマッシュポテトに添え、好みで粗びき黒こしょうをふる。

びっくりするほどの量のバターが、おいしさの要。まろやかなこくがたまりません。

「いくらでも食べられてしまう魅惑の味。さめて堅くなったら、牛乳でのばしなおして」

マッシュポテト

¼量で311kcal 塩分1.4g

最近は多くの種類が出回るので、楽しみも増えました。この2品はでんぷん質が豊かな男爵系向き。じゃがいもらしい、素朴な味わいで秋を感じて。

「私の肉じゃがは、昔ながらのお総菜風。調味は砂糖としょうゆだけですが、牛脂でこくをプラスします」

じゃがいもが柔らかくなってから調味。肉は最後に加え、うまみと柔らかさをキープ。

ほくほく肉じゃが

1/3量で442kcal　塩分2.2g

材料(作りやすい分量)
じゃがいも(大)・・・・4個(約600g)
玉ねぎ(大)・・・・・・・・・・・・・・1個
にんじん・・・・・・・・・・・・・・・・・1本
牛こま切れ肉・・・・・・・・・・・・200g
だし汁(P112参照)・・・・約2カップ
砂糖、しょうゆ
・・・・・・・・・・各大さじ2 1/2〜3
牛脂・・・・・・・・・・・・・・・・・・・・10g
(なければごま油大さじ1)

作り方
1 じゃがいもは皮をむいて3〜4等分に切る。玉ねぎは太めのくし形切りにする。にんじんは皮をむき、大きめの一口大の乱切りにする。肉は大きめの一口大に切る。

2 口径約25cmの鍋に牛脂を入れて中火にかけ、溶けてきたら、①の野菜を入れてかるく炒める。鍋を揺すって全体に脂をなじませ、だし汁をひたひたよりやや少なめになるように加える。ふつふつしてきたら砂糖を加え、落としぶた(P7参照)とふたをして、弱めの中火で煮る。

3 じゃがいもに竹串がすーっと通るくらい柔らかくなったら、しょうゆを加え、肉を広げてのせる。ふたをせずに、強めの中火でときどき混ぜながら煮て、煮汁が少し残る程度になったら火を止める。そのまま冷ましながら味をなじませ、食べるときに少し温めなおす。

長いものはさみ焼き

1人分270kcal 塩分1.4g

材料（2人分）
- 長いも・・・・・・・・・・ 12cm（約250g）
- 〈たね〉
  - 豚ひき肉・・・・・・・・・・・・・ 100g
  - 玉ねぎのみじん切り・・・・・ 1/4個分
  - 片栗粉・・・・・・・・・・・・ 小さじ2
  - 酒、しょうゆ・・・・・・ 各小さじ1/2
  - 塩・・・・・・・・・・・・・ ふたつまみ
  - こしょう・・・・・・・・・・・・ 少々
- 〈たれ〉
  - しょうゆ、オイスターソース
    - ・・・・・・・・・・・・・・ 各小さじ1/2
  - 砂糖・・・・・・・・・・・ ふたつまみ
  - 水・・・・・・・・・・・・・・・ 大さじ2
- 片栗粉・・・・・・・・・・・・・・・ 適宜
- 油・・・・・・・・・・・・・・・ 小さじ2

作り方

1. 長いもはよく洗って水けを拭き、ひげ根があればガス台でじか火に当てて焼き切る。皮つきのまま幅1cm、12等分の輪切りにする。ボールにたねの材料を入れ、粘りが出るまで手で練り混ぜて6等分に分ける。

2. 長いもをまな板に並べて片面に片栗粉を薄くふり、6枚にたねを1/6量ずつのせる。残りの長いもを、粉をふった面を下にして重ねてはさみ、手で押さえてなじませる。

3. フライパンに油を弱めの中火で熱し、②を並べてふたをし、両面を4分くらいずつ蒸し焼きにする。こんがりとしたら器に盛る。同じフライパンにたれの材料を入れて中火にかけ、混ぜながらとろみをつけ、はさみ焼きにかける。

たねがはがれやすいので、手でしっかりと押さえて。

長いも

焼きつけて、香ばしさを引き出す。

秋

シャキシャキとした歯ざわりが特徴の長いも。その食感が、ストレートに味わえる調理法が好き。切り方もメニューに合わせて工夫します。

「サクサクの長いもと、ジューシーな肉だねがよく合います。甘みのあるたれもポイント」

長いものガレット

1人分 133 kcal　塩分 0.6 g

材料（2人分）

長いも	10cm（約200 g）
ピザ用チーズ	20 g
塩	ひとつまみ
粗びき黒こしょう	少々
オリーブオイル	小さじ2

作り方

❶ 長いもは皮をむいて長さを半分に切り、まな板に切り口を下にして置く。立てたまま切り口から縦横に包丁を入れてせん切りにする（こうするとすべりにくい）。水にさらさない。

❷ フライパンにオリーブオイルを中火で熱し、①を広げて3～4分焼き、塩をふる。皿をかぶせてひっくり返し、フライパンに戻し入れ、表面を平らにならす。

❸ チーズをのせ、チーズが溶けて全体がつながるまで焼く。器に盛り、粗びき黒こしょうをふる。

「じゃがいもより、軽い味わいのガレット。火通りの心配がなく、短時間でさっと作れます」

きのこの
みそ豆乳煮

1人分195kcal 塩分1.1g

材料（2人分）

しめじ‥‥‥‥‥ ½パック（約50g）
エリンギ（大）‥‥ 1本（60〜70g）
えのきだけ‥‥‥ 小½袋（約50g）
ベーコン‥‥‥‥‥‥‥‥‥‥ 2枚
豆乳（成分無調整のもの）
　‥‥‥‥‥‥‥‥‥‥‥‥ 1カップ
〈水溶き片栗粉〉
　片栗粉‥‥‥‥‥‥‥‥ 小さじ1
　水‥‥‥‥‥‥‥‥‥‥ 小さじ2
塩‥‥‥‥‥‥‥‥‥‥‥‥‥ 少々
みそ‥‥‥‥‥‥‥‥‥‥ 小さじ1
オリーブオイル‥‥‥‥‥ 大さじ1

作り方

❶ しめじは石づきを切り、粗くほぐす。えのきは根元を切り、食べやすくほぐす。エリンギは長さを半分に切ってから、縦8等分に切る。ベーコンは幅1cmに切る。

❷ フライパンにオリーブオイルを中火で熱し、きのことベーコンを入れて炒める。しんなりとしたら塩を加える。

❸ 豆乳を加えて弱火にし、みそを溶き入れ、1分ほど煮る。水溶き片栗粉の材料を混ぜてから加え、とろみをつける。

「きのこを豆乳で煮たヘルシーな煮もの。きのこから出るうまみとみそのこくが、味の決め手」

きのこ

こくのあるバターやみそと合わせて。

秋

一年じゅう手に入る素材ですが、深みのある香りや味わいは、やはり秋にこそふさわしい。メインになる炒めものから、煮もの、常備菜まで幅広く活用します。

「少し肉厚で食べごたえのある
まいたけは、牛肉と相性がいいんです。
きのこは水けが出ないよう、
強めの火加減で、手早く炒めて」

肉は炒めて一度取り出し、その脂でまいたけを炒めます。最後に戻し入れると堅くなりません。

まいたけと牛肉のバターしょうゆ炒め

1人分307kcal　塩分1.4g

材料（2人分）
まいたけ‥‥ 小2パック（約150g）
牛こま切れ肉‥‥‥‥‥‥‥ 150g
牛脂‥‥‥‥‥‥‥‥‥‥‥ 1かけ
　（または油大さじ1）
塩‥‥‥‥‥‥‥‥‥‥‥‥‥ 適宜
しょうゆ‥‥‥‥‥‥‥‥‥ 小さじ1
バター‥‥‥‥‥‥‥‥‥‥ 大さじ1
粗びき黒こしょう‥‥‥‥‥‥ 適宜

作り方
❶ まいたけは大きめの一口大に裂く。牛肉は食べやすく切り、塩少々をふってなじませる。
❷ フライパンに牛脂を入れて弱めの中火で熱する。脂が溶けはじめたら牛肉を入れ、肉の色が変わるまで炒める。牛脂は残っていたら取り除き、牛肉はバットなどに取り出す。
❸ フライパンの脂を拭かずにまいたけを入れ、強めの中火で炒める。全体に脂が回ったら、塩ひとつまみをふり、少ししんなりするまで炒める。
❹ 牛肉を戻し入れてバターを加え、大きく混ぜてからめる。鍋肌からしょうゆを加えてさっと炒める。器に盛り、粗びき黒こしょうをふる。

里いも

「揚げ」ならではの、外はカリッ、中はねっとりが魅力。

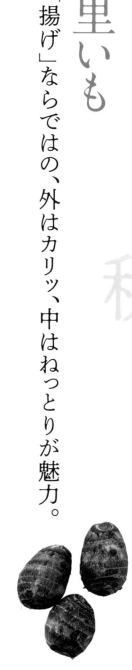

シンプルに蒸したのも好きですが、最近は「揚げ」にはまっています。外と中の食感の違いが際立ち、独特の土っぽい香りも引き立ちますよ。

里いもの
まんまるコロッケ

1/4量で328kcal 塩分1.0g

材料（3〜4人分）

里いも・・・・・・・・・・ 5個（約400g）
牛こま切れ肉・・・・・・・・・・・・ 100g
玉ねぎのみじん切り・・・・・・ 1/2個分
溶き卵・・・・・・・・・・・・・・・・ 1個分
オリーブオイル・・・・・・・ 小さじ1
塩・・・・・・・・・・・・・・・・・・・・・・ 少々
砂糖、しょうゆ・・・・・・ 各大さじ1
小麦粉、パン粉・・・・・・・・・・ 各適宜
揚げ油・・・・・・・・・・・・・・・・・・ 適宜

牛肉にしっかり甘辛味がついているから、ソースいらずです。

作り方

❶ 牛肉は細切りにする。フライパンにオリーブオイルを中火で熱し、玉ねぎと塩を入れて、透き通るまで炒める。バットに取り出しさます。フライパンの汚れを拭き、牛肉を入れて、肉の色が変わるまで中火で炒める。砂糖、しょうゆを加えて炒め、粗熱を取る。

❷ 里いもはよく洗い、水けをつけたまま耐熱皿に並べる。ふんわりとラップをかけ、電子レンジで6分ほど加熱し、余熱で2分ほどおく。粗熱を取り、ふきんで包んで皮をむき、ボールに入れてなめらかになるまでつぶす。

❸ ②に①を加えてよく混ぜる。水で手をぬらし、1/12量ずつ丸く形作る。小麦粉、溶き卵、パン粉を順につける。揚げ油を中温（170℃〜180℃。P7参照）に熱し、たねを入れて2〜3分、きつね色になるまで揚げる。

「カリッも、とろっとした食感も両方味わえるぜいたくさ。秋になると作りたくなる、食べたくなるレシピ」

「冷たい油からじっくり揚げると、
中はねっとり、外はカリカリに。
ゆず風味のあんをかけ、
香りのよいひと皿に」

素揚げ里いものゆずあんかけ

1人分**219**kcal 塩分**1.1**g

材料（2人分）

里いも（小）・・・・・・・ 8個（約400ｇ）

〈ゆずあん〉

　だし汁（P112参照）・・・・・ 1カップ

　片栗粉・・・・・・・・・・・ 小さじ1½

　薄口しょうゆ・・・・・・・ 小さじ½

　塩・・・・・・・・・・・・・ 小さじ¼

　青ゆず（または黄ゆず）の絞り汁

　・・・・・・・・・・・・・・・・・ 少々

青ゆず（または黄ゆず）の皮のせん切

　り・・・・・・・・・・・・・・・ 適宜

揚げ油・・・・・・・・・・・・・ 適宜

作り方

❶ 里いもは皮をむき、表面を乾いたふきんでこすってぬめりを取る。

❷ 口径約20cmの厚手の鍋に里いもを入れ、油をひたひたよりもやや少ないくらいまで（約2カップ）注ぎ入れる。弱火にかけ、20分ほど素揚げにする。里いもに竹串がすーっと通るくらいになったら油をきり、器に盛る。

❸ 小鍋にゆずの絞り汁以外の、ゆずあんの材料を入れて混ぜる。中火にかけ、ときどき混ぜながら2分ほど煮て、とろみがついたらゆずの絞り汁を加えてさっと混ぜる。②の里いもにかけ、ゆずの皮をのせる。

ねぎみそをのせて

素揚げしたいもに、ゆずあんのかわりにねぎみそをのせても。

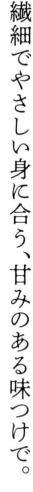

かぶ

繊細でやさしい身に合う、甘みのある味つけで。

かぶと干し柿のサラダ

1/3量で**108**kcal 塩分**0.4**g

材料（2〜3人分）
かぶの身（大）‥‥‥‥ 2個（約250ｇ）
干し柿‥‥‥‥‥‥‥‥ 1個（約60ｇ）
塩‥‥‥‥‥‥‥‥‥‥‥‥ 小さじ1/4
白ワインビネガー（または酢）
‥‥‥‥‥‥‥‥‥‥‥‥‥ 小さじ1
オリーブオイル‥‥‥‥‥ 大さじ1

作り方
❶ かぶは皮をむいて縦半分に切ってから縦に幅4mmに切る。ボールに入れて塩をまぶし、10分ほどおく。干し柿は種を取り除き、食べやすくちぎるか、細切りにする。

❷ かぶのボールに、干し柿と白ワインビネガー、オリーブオイルを加えてあえる。

塩もみするとたっぷり食べられます。干し柿の代わりに薄切りにしたきんかんで作っても。

「生のかぶは、果物の甘酸っぱさと相性がいいんです。箸休めになり、食卓にあるとほっとするひと皿」

小ぶりで身がやわらかいものは、ぜひ生のままサラダやあえものに。しっかりとした大きめのものは、煮ものに。野菜の個性で使い分けます。

「かぶは思い切って
大きめの半分サイズで、
皮つきのまま煮ます。
ほどよく火が通り、
食べごたえも出ますよ」

鶏肉の脂をかぶになじませると、かぶ
のうまみが閉じこめられ、おいしく煮
上がります。

かぶと鶏肉の
甘辛煮

1/3量で303kcal　塩分1.5g

材料（2〜3人分）
かぶの身（大）・・・・・・ 4個（約500g）
かぶの葉・・・・・・・・ 2個分（約60g）
鶏もも肉・・・・・・・・・ 1枚（約250g）
砂糖、しょうゆ・・・・・ 各大さじ1 1/2
塩・・・・・・・・・・・・・・・・・・・・・ 少々
好みの油（米油など）・・・・ 大さじ2

作り方
❶ かぶの身は皮つきのまま半分に
切る。かぶの葉は塩を加えた熱湯で
さっとゆで、ざるに上げてさます。
水けを絞って長さ4cmに切る。鶏肉
は余分な脂肪を取り除き、一口大に
切る。

❷ 鍋に油を中火で熱し、鶏肉を並
べて両面を2分ずつ焼く。肉の色が
変わったらかぶの身を加え、鍋を揺
すりながら全体に脂をなじませる。
火を止めてひたひたになるくらいの
水（3/4〜1カップ）、砂糖を加え、再
び中火にかける。落としぶた（P7
参照）をし、さらにふたをして6〜
7分煮る。

❸ ふたを取ってしょうゆを加えて
混ぜ、強めの中火にして、鍋を揺す
りながら汁けがほとんどなくなるま
で煮つめる。器に盛り、かぶの葉を
のせる。

和栗ならではの、自然な甘みを生かす。

栗のスープ

¼量で**214**kcal　塩分**0.6**g

材料（3～4人分）

栗・・・・・・・・・・・・・・・・・・・・・・・ 300 g
さつまいも（小）・・・・ ½本（約120 g）
玉ねぎ・・・・・・・・・・・ ½個（約100 g）
バター・・・・・・・・・・・・・・・・・・・・・ 20 g
牛乳・・・・・・・・・・・・・ ¾～１カップ
塩・・・・・・・・・・・・・・・・・・・ ふたつまみ
あれば生クリーム・・・・・・・・・・ 少々

栗はスプーンで中身を取り出して。栗の大きさや鮮度により、ゆで時間を加減します。

作り方

❶ 栗はたっぷりの湯で弱火で40～50分ゆでる。粗熱が取れたら中身をくりぬく（約200 g）。

❷ さつまいもは皮をむいて薄い輪切りにし、水に５分さらして水けをきる。玉ねぎは縦に薄切りにする。

❸ 厚手の鍋にバターと玉ねぎを入れて中火にかけ、しんなりするまで炒める。さつまいもを加え、ひたひたになるまで水（約250㎖）を注いで煮立てる。弱火にしてふたをし、約10分煮る。さつまいもが柔らかくなったら①の栗を飾り用に少量取り分けてから加え、さっと煮る。

❹ 火を止め、ハンドブレンダー※でなめらかになるまで撹拌し、牛乳を少しずつ加えてのばす。弱火にかけ、沸騰直前になったら塩で味をととのえる。器に盛り、飾り用の栗をのせ、あれば生クリームを落とす。

※ミキサーやフードプロセッサーを使う場合は、粗熱が取れてから撹拌し、鍋に戻し入れて。

「ゆでた栗をさつまいもとともにペースト状にし、ミルクでのばして。やさしい甘みに癒やされます」

9月ごろから出回る新ものは、秋の訪れを感じる食材のひとつ。うちではまず、栗ご飯にしてほくほくの食感を楽しみます。和栗ならではの豊かな甘みは、それだけでごちそう。

しょうゆ味の栗ご飯

¼量で**399**kcal　塩分**1.3**g

材料（3〜4人分）
栗・・・・・・・・・・・・・・・・・・・・・・ 500g
米・・・・・・・・・・・・・・ 1½合（270㎖）
もち米・・・・・・・・・・・・・ ½合（90㎖）
しょうゆ、酒・・・・・・・・ 各大さじ1
塩・・・・・・・・・・・・・・・・・・・・ 小さじ½

作り方
❶ 米ともち米は合わせてとぎ、ざるに上げる。炊飯器に入れ、2合の目盛りまで水を注ぎ、1時間ほど浸水させる。栗はボールに入れて熱湯をかぶるくらいまで注ぎ、10〜15分つけて鬼皮（外側の堅い皮）を柔らかくする。下記を参照して鬼皮と渋皮をむき、正味300gを用意する。かぶるくらいの水に15分ほどつける。
❷ 炊飯器にしょうゆ、酒、塩を加えて混ぜる。栗を水けをきってのせ、混ぜずに普通に炊き、炊き上がったら混ぜる。

気取らないしょうゆ味なので、渋皮が多少残っていてもOK。筋はきれいに取り除いて。

「しょうゆが香る、素朴な味わい。もち米を混ぜるとさめてもパサつかないので、おべんとう向き」

栗の皮をむく

❶ 鬼皮をむく。まず下の部分（ざらっとした色が変わったところ）を薄く切り落とす。

❷ 切ったところをとっかかりにして包丁の刃を入れ、下から上に向かってはがすようにして鬼皮をむく。

❸ 鬼皮と同様に下から上に向かって渋皮（中の柔らかい筋張った皮）をむく。

さつまいもの しょうゆ煮

1/6量で142kcal 塩分0.4g

「ほくっと甘いさつまいもを、砂糖としょうゆで煮るだけ。おかずにもお茶うけにもなる、うちの定番」

材料(作りやすい分量)
さつまいも(大)‥‥‥‥‥ 2本(約600g)
砂糖、しょうゆ‥‥‥‥‥‥ 各大さじ1

作り方
❶ さつまいもはよく洗い、皮つきのまま長さを3等分に切り、縦6等分に切る。水に10分ほどさらして水けをきる。
❷ 鍋にさつまいもを広げ入れ、水をひたひたよりもやや少ないくらいまで(約1 1/2カップ)注ぎ、砂糖、しょうゆを加える。
❸ ふたをして中火にかけ、煮立ったら弱めの中火にして15分ほど煮る。さつまいもに竹串がすーっと通るくらいになったら火を止め、そのまま粗熱を取りながら、味を含める。
●密閉容器に煮汁ごと入れ、冷蔵で5日ほど保存可。

クリームチーズサラダに

材料(2人分)と作り方
ボールに「さつまいものしょうゆ煮」200gを入れ、フォークで粗くつぶす。6～7mm角に切ったクリームチーズ18gを加えて混ぜる。

こんなふうに食べても

● ミキサーで豆乳と撹拌し、秋のポタージュに

● つぶしてドライフルーツとあえ、ディップに

● 混ぜご飯の具に

根菜やきのこなど、秋野菜はどれも風味がしっかりしたものばかり。
使う調味料も塩、砂糖、しょうゆと最小限で。それで充分おいしい。

塩きのこ

1/6量で10kcal 塩分1.0g

「きのこは数種類使うと、味に深みが増します。
うまみが凝縮された汁けも、残さず使って」

材料(作りやすい分量)
まいたけ・・・・・・・・・・ 2パック(約200g)
生しいたけ(大)・・・・・・・・ 6個(約100g)
えのきだけ・・・・・・・・・・・・ 1袋(約100g)
塩・・・・・・・・・・・・・・・・・・・・・・ 小さじ1

作り方
① まいたけは食べやすくほぐす。しいたけは軸を切り、4〜6等分に切る。えのきは根元を切り、長さを3等分に切る。
② 鍋にたっぷりの湯を沸かし、①を入れてさっとゆで、網じゃくしですくってボールに入れる。熱いうちに塩をまぶしてさっと混ぜ、ラップをかけて蒸らす。
③ 粗熱が取れ、きのこから汁けが出たら、汁ごと密閉容器に入れる(耐熱の保存容器なら、ゆでたきのこを直接入れ、塩をふって蒸らしても)。
●密閉容器に入れ、冷蔵で5日ほど保存可。

おろしあえに

材料(2人分)と作り方
汁けをかるく絞った大根おろし100gに、「塩きのこ」100gを汁ごと加えてあえる。好みでレモンを絞ったり、しょうゆをかけても。

こんなふうに食べても

●豆腐などと煮て、
スープに

●汁けも利用し、
炊き込みご飯の
素に

●ベーコンと炒め、
スパゲティに

大きめに切り、食べごたえのある煮ものに。

冬

大根と帆立てのしみしみ煮もの

⅓量で65kcal 塩分1.1g

材料（2〜3人分）
大根・・・・・・・・・・・・・ ½本（約500g）
帆立て貝柱の水煮缶詰（120g入り）
・・・・・・・・・・・・・・・・・ 1缶
大根の葉・・・・・・・・・・・・・・・ 適宜
砂糖・・・・・・・・・・・・・・・・ 小さじ2
塩・・・・・・・・・・・・・・・・・・・ 少々
しょうゆ・・・・・・・・・・・・・・ 大さじ1

作り方
❶ 大根は皮をむき、大きめの乱切りにする。鍋に大根と、帆立てを缶汁ごと入れ、ひたひたの水を加える。砂糖を加えてふたをし、弱めの中火で20分ほど煮る。大根の葉は塩を加えた熱湯でさっとゆでる。水けを絞り、小口切りにする。
❷ 大根に竹串がすーっと通るくらいになったら、しょうゆを加える。大根がくずれないよう、ときどき鍋を揺すりながら、煮汁が半分くらいになるまで15分ほど煮る。器に盛り、大根の葉をのせる。

砂糖を先に加えて煮ることで、後から加えるしょうゆがなじみやすくなります。

「甘辛味が中までしっかりしみた煮ものは、冬ならでは。帆立て缶は缶汁ごと加え、だしいらずでもおいしく」

寒さが本格的になると、大根をことこと煮るのがうれしくなります。中心は煮もの、先端は炒めもの、葉に近い部分は大根おろしと料理に合わせて使い分けて。

84

「甘みが増した冬大根を味わうためのおでん。好みの薬味でいただきます」

冬大根のおでん

1人分189kcal 塩分3.1g

好みのトッピングで

煮汁は薄味にし、梅みそ(写真上)、ねぎだれ(写真中央)、おろししょうが(写真下)を好みで。食べる人が味を完成させるのがうち流。

材料(4人分)

大根‥‥‥‥‥‥‥ ½本(約600g)
ゆで卵‥‥‥‥‥‥‥‥‥ 4個
こんにゃく‥‥‥‥ 1枚(約200g)
ちくわぶ‥‥‥‥‥ 1本(約150g)
昆布(あれば日高昆布、5×15cm)
‥‥‥‥‥‥‥ 3枚(約10g)
いりこ‥‥‥‥‥‥‥‥‥ 10g
塩、しょうゆ‥‥‥‥ 各小さじ½
〈ねぎだれ〉
　削り節‥‥‥‥‥‥‥‥ 5g
　ねぎのみじん切り‥‥‥ 15cm分
　しょうゆ‥‥‥‥‥‥ 大さじ2
〈梅みそ〉
　みそ‥‥‥‥‥‥‥ 大さじ1½
　梅肉‥‥‥‥‥‥‥‥ 1個分
しょうがのすりおろし‥‥ 1かけ分

作り方

❶ 水だしをとる。いりこは昆布とともに容器に入れ、水1ℓを注ぐ。冷蔵庫で一晩置き、昆布と煮干しを取り出す。昆布は太ければ幅3cmに切ってから結ぶ。

❷ 大根は幅3cmの輪切りにし、皮を厚めにむく。切り口の角を薄くそいで面取りをし、片面に深さ1cmくらいまで十字に切り目を入れる(かくし包丁)。鍋に大根と、かぶるくらいの米のとぎ汁(または水と米ひとつかみ)を入れて中火にかける。煮立ったら弱めの中火にし、竹串がすーっと通るまで30〜40分ゆでる。ざるに上げて1切れずつよく洗い、ぬめりを取る。

❸ こんにゃくは8等分に切って熱湯で3分ほどゆでる。水けをきって粗熱を取り、片面に格子状に切り込みを入れる。ちくわぶはさっと洗って斜めに幅3cmに切る。

❹ 土鍋に、大根、こんにゃく、ちくわぶを入れて水だしをかぶるくらいに注ぎ、中火にかける。煮立ったら弱めの中火にし、20分ほど煮る。途中、具の表面が出るようなら、残りの水だしを少しずつ加える。

❺ 昆布とゆで卵、塩、しょうゆを加えて混ぜ、さらに10分ほど煮て、火を止める。ねぎだれ、梅みその材料をそれぞれ混ぜ合わせ、しょうがとともに添え、つけながらいただく。

白菜たっぷり 中華炒め

1/3量で**196**kcal 塩分**1.6**g

材料（2～3人分）

白菜の葉・・・・・・・・・・ 3枚（約300g）
小松菜・・・・・・・・・ 小1/2わ（約100g）
にんじん・・・・・・・・・ 1/3本（約50g）
たけのこの水煮・・・・ 1個（約80g）
うずらの卵の水煮・・・・ 5～6個
豚ロース薄切り肉・・・・・・・・ 100g
しょうがのせん切り・・・・ 1かけ分
塩・・・・・・・・・・・・・・・・・ 適宜
しょうゆ・・・・・・・・・・・・ 小さじ1
こしょう・・・・・・・・・・・・・・ 少々
片栗粉・・・・・・・・・・・・・・ 小さじ2
ごま油・・・・・・・・・・・・・・ 大さじ1

大きな鍋で炒めると、全体を混ぜやすいし、まわりに飛び散らずに便利。

作り方

① 白菜は長さ5cmに切ってから縦に幅1～2cmに切り、葉としんに分ける。小松菜は根元を切って長さ3～4cmに切る。にんじんは皮をむき、幅1.5cmの薄切りにする。たけのこは穂先と根元に切り分ける。穂先は縦半分に切ってから縦に薄切りに、根元は薄いいちょう切りにする。豚肉は食べやすく切る。片栗粉を同量の水で溶き、水溶き片栗粉を作る。

② 大きめの鍋にごま油としょうが、豚肉を入れ、塩小さじ1/4をふる。中火にかけてほぐしながら炒め、肉の色が変わったら白菜のしんとにんじん、たけのこを加え1～2分炒める。

③ 白菜の葉と小松菜、うずらの卵を加え、塩小さじ1/2、しょうゆをふり、大きく混ぜて炒める。しんなりして野菜から水分が出たら、水溶き片栗粉をもう一度混ぜてから回し入れ、とろみをつける。火を止めてこしょうをふる。

一株がずっしり重たくなってくると「おいしくなってきたな」と感じます。冬じゅうよく鍋に使いますが、炒めものの歯ざわりのよさや、みずみずしさも大好き。

「白菜のほか青菜も入れて、冬野菜を主役に。野菜のみずみずしさを生かし、余分な水分は加えません」

「白菜をじっくり煮て、甘みを存分に味わいます。たねからしみ出るうまみたっぷりのスープも飲み干したくなるおいしさ」

ロール白菜

1人分333kcal　塩分3.8g

白菜のしんは、ナムルに

材料(作りやすい分量)と作り方
白菜のしん(小)6枚分(約250g)は、長さ4cmの細切りにし、塩小さじ½をふって混ぜ、15分ほどおく。水けを絞り、にんにくのすりおろし、赤唐辛子の小口切り各少々、魚醤(P113参照、またはナンプラー)小さじ½、ごま油小さじ1を加えてあえて。

材料(2人分)
白菜の葉(小)‥‥‥‥ 8枚(約450g)
〈たね〉
　豚ひき肉‥‥‥‥‥‥‥‥‥‥ 250g
　玉ねぎのみじん切り‥‥‥ ¼個分
　長いものすりおろし
　‥‥‥‥‥‥‥‥‥ 大さじ2～3
　塩、しょうゆ‥‥‥‥ 各小さじ1
　こしょう‥‥‥‥‥‥‥‥‥ 少々
昆布だし(P112参照)‥ 1½カップ
薄口しょうゆ、塩‥‥‥‥ 各少々

作り方
❶ 白菜はしんをV字形に切り、しん2枚分は粗いみじん切りにする(残りは左記参照)。葉は熱湯でさっとゆで、ざるに広げて粗熱を取る。
❷ ボールにたねの材料と刻んだしんを入れ、粘りが出るまで手で練り混ぜ、4等分にする。まな板に白菜をしんを取った部分を手前にして2枚重ねて広げ、切り口の左右を寄せて重ねる。たねの¼量を手前に横長にのせ、手前からひと巻きする。左右を内側に折り込んで巻く。残りも同様に巻く。
❸ 口径約20cmの鍋に、❷を巻き終わりを下にしてぴっちりと並べ入れる。だし汁を加えて中火にかけ、煮立ったらふたをして弱火にし、30～40分煮る。薄口しょうゆ、塩で味をととのえ、汁ごと器に盛る。

ほうれん草と
かきの炒めもの

1人分**178**kcal 塩分**2.3**g

材料（2人分）

ほうれん草・・・・・・・	1わ（約300g）
かき（むき身）・・・	8〜10個（約100g）
にんにくの薄切り・・・・・・	1かけ分
片栗粉・・・・・・・・・・・・・・・・	適宜
オイスターソース・・・・・・	大さじ1
塩、こしょう・・・・・・・・・・	各少々
オリーブオイル・・・・・・・	大さじ1
バター・・・・・・・・・・・・・・・	10g

作り方

❶ かきは冷水で洗い、ペーパータオルで水けをしっかりと拭く。片栗粉を薄くまぶす。ほうれん草は根を切って茎と葉に切り分け、長さ4cmに切る。

❷ フライパンにオリーブオイルを中火で熱し、かきとにんにくを並べ入れる。1〜2分焼き、焼き色がついたら裏返し、さらに1〜2分焼いていったん取り出す。

❸ フライパンの汚れをさっと拭き、続けてバターとほうれん草の茎を入れてさっと炒め、葉を加えてひと炒めする。かきとにんにくを戻し入れ、オイスターソース、塩、こしょうを加えて、さっと炒める。

ほうれん草・小松菜

一わまるごと使い、メインのおかずに。

冬

「ほうれん草1わも、
火を通すとかさが減り、
無理なく食べられます。
水けが出やすいので、
さっと炒めて」

朝どりの新鮮な青菜は、寒い時期の楽しみのひとつ。露地もののほうれん草は、葉がごわっとしてますが、火を通すと甘みが出ます。くせが少ない小松菜は、どんな料理とも相性がよく、使い勝手のいい素材です。

「青菜をたっぷり入れると、
お肉だけのシュウマイよりも軽く、
味に深みも出ます。
ついもう一つ、と箸がすすみますよ」

せいろには白菜の葉を敷くことが多いですが、ここでは小松菜の葉先で。たねの分と合わせ、一わ無駄なく。

小松菜
シュウマイ

1人分**364**kcal 塩分**1.7**g

材料（4人分）

小松菜‥‥‥‥‥ 小１わ（約200ｇ）
豚ひき肉‥‥‥‥‥‥‥‥ 400ｇ
シュウマイの皮‥‥‥ １袋（30枚）
玉ねぎ‥‥‥‥‥ ½個（約100ｇ）
塩‥‥‥‥‥‥‥‥‥ 小さじ⅔〜１
しょうゆ‥‥‥‥‥‥‥ 小さじ１
片栗粉、ごま油‥‥ 各大さじ１½
好みでしょうゆ、溶き辛子、黒酢
‥‥‥‥‥‥‥‥‥‥ 各適宜

作り方

❶ 小松菜は根を切って葉と茎に切り分け、葉は½量を直径27〜30cmのせいろ※に敷きつめる。せいろの下に置く鍋にたっぷりの湯を沸かし、小松菜を茎、残りの葉の順に入れて色鮮やかになるまでゆでる。菜箸で取り出し、ざるに広げてさます。鍋の湯が減っていたら水適宜をたし、一度火を止める。
※蒸し器の場合も同様に作る。蒸すときは、ふたをふきんで包む。

❷ 玉ねぎはみじん切りにする。①の小松菜は水けを絞って細かく刻み、もう一度水けを絞る。ボールにひき肉と玉ねぎ、塩、しょうゆ、片栗粉、ごま油を入れ、小松菜を加えて粘りが出るまでよく練り混ぜる。

❸ シュウマイを包む。皮１枚を手のひらにのせ、たねを大さじ１強をバターナイフですくってのせる。たねを押し込みながら皮ごと握り、円柱状に形を整える。表面をかるく押さえてならす。残りも同様に包み、せいろに間隔をあけて並べる。

❹ ①の鍋を再び強火にかけ、沸騰したらせいろをのせてふたをし、強火のまま７〜８分蒸す。好みでしょうゆ、辛子、黒酢でいただく。

● 蒸したシュウマイは間隔を開けて密閉容器に並べ、冷凍で１カ月ほど保存可。食べるときは、凍ったまませいろで同様に蒸して。

ねぎ

甘みと柔らかさを生かし、主役に。

ねぎ豚丼

1人分**600**kcal　塩分**1.9**g

材料（2人分）

ねぎ・・・・・・・・・・・・・・・・・・・ 2本
豚ロース薄切り肉（または豚こま切れ肉）・・・・・・・・・・・・・・ 150g
温かいご飯・・ 茶碗2杯分（約300g）
しょうがのせん切り・・・・・ 1かけ分
卵黄・・・・・・・・・・・・・・・・・ 2個分
（または市販の温泉卵2個）
塩・・・・・・・・・・・・・・・・・ ふたつまみ
片栗粉・・・・・・・・・・・・・・・・・ 適宜
魚醤（P113参照、またはナンプラー）
・・・・・・・・・・・・・・・・・・・ 大さじ½
粗びき黒こしょう・・・・・・・・・・ 少々
ごま油・・・・・・・・・・・・・・ 小さじ2

作り方

① ねぎは青い部分も含めて長さ4～5cmに切り、縦3つに切る。豚肉は食べやすく切り、塩をふって片面にだけ片栗粉を薄くまぶす。

② フライパンにごま油を中火で熱し、肉を入れてほぐしながら炒める。色が変わったら取り出す。

③ 同じフライパンにねぎとしょうがを入れて中火で炒める。ねぎがややしんなりしたら豚肉を戻し入れ、魚醤をふって混ぜ、火を止める。温かいご飯の上に盛り、卵黄をのせ、粗びき黒こしょうをふる。

ねぎは縦3つに切るのがコツ。繊維にそって包丁を入れると、シャキッとした食感に。

「ほぼ買い物いらずでできる、いざというとき便利などんぶり。ご飯にのせずに〈ねぎ豚炒め〉として食べれば、おつまみにも」

寒くなるにつれ太く、柔らかくなるねぎ。旬のものは刻んで生のままや、さっと火を通すだけでおいしい。鍋や汁ものにも欠かせない、冬じゅう大活躍の野菜です。

「しらがねぎの繊細な食感と、ゆずこしょうのさわやかな辛みで、シンプルに焼いた肉とたっぷりのねぎは、大好きな組み合わせ」

たっぷりしらがねぎのチキンソテー

1人分430kcal　塩分2.8g

材料（2人分）
ねぎの白い部分・・・・・・・・・・　3本分
鶏もも肉（小）・・・・・　2枚（約400g）
ゆずこしょう・・・・・・　小さじ1〜2
塩・・・・・・・・・・・・・・・・・　小さじ⅔

作り方
❶ 鶏肉は余分な脂肪を取り除く。塩を両面にすり込み、室温で10分ほど置いてなじませる。しらがねぎを作る。ねぎは長さ4〜5cmに切り、繊維にそって縦に中心近くまで切り込みを入れる。しんを取り出す（しんの部分は刻んで汁ものや炒めものなどに使う）。外側の部分を平らにして重ね、端からごく細いせん切りにする。水に5分ほどさらしてシャキッとさせ、水けをよくきる。

❷ フライパンに油をひかずに鶏肉を皮目を下にして入れ、中火にかけて7〜8分焼く。カリッと焼き色がついたら裏返し、2〜3分焼く。取り出して2〜3分おき、肉汁を落ち着かせる。

❸ ボールにしらがねぎを入れ、ゆずこしょうを加えてあえる。鶏肉を食べやすく切って器に盛り、ねぎをのせる。

堅め、柔らかめ、ゆで加減を変えて楽しむ。

冬

ゆでブロッコリー

1/3量で55kcal 塩分0.2g

材料(2〜3人分)
ブロッコリー……… 1株(約300g)
塩(粒が粗めのもの)……… 適宜
ごま油……………… 小さじ2

茎に竹串を刺すか、1切れ食べて、ゆでかげんを決めて。

作り方

❶ ブロッコリーは小房に分け、大きいものはさらに縦半分に切る。茎は根元を切って皮を厚めにむき、小さめの一口大に切る。

❷ 鍋に湯1ℓを沸かし、塩小さじ1½を加える。ブロッコリーを茎、房の順に入れて1分30秒〜2分、好みの柔らかさにゆでる。ざるに上げて水けをきり、ごま油をふる。好みで塩少々をつけていただく。

「好みの加減にゆでたら、熱いうちにごま油と塩でぜひ。野菜そのものの風味を、ストレートに感じる食べ方」

秋から冬にかけてこんもりとし、茎まで柔らかくなるブロッコリー。ゆでたての風味のよさは、格別！ 最近は柔らかくゆで、サラダやスープに使うのも気に入っています。

「つぶしたブロッコリーをポテトとあえ、グリーンが美しいサラダに。ソーセージの代わりに、刻んだアンチョビーを入れても。その場合、塩は加えず最後に味をみて」

ブロッコリーとじゃがいものサラダ

1/3量で275kcal 塩分1.4g

材料（2〜3人分）
ブロッコリー‥‥‥‥‥ 1株（約300ｇ）
じゃがいも（大）‥‥‥ 2個（約300ｇ）
紫玉ねぎ‥‥‥‥‥‥ 1/4個（約50ｇ）
ウインナソーセージ‥‥‥‥‥‥ 4本
黒オリーブ（種なし）‥‥‥‥‥ 8粒
白ワインビネガー
　‥‥‥‥‥‥‥‥ 大さじ 1〜1 1/2
塩‥‥‥‥‥‥‥‥‥‥‥‥‥ 適宜
粗びき黒こしょう‥‥‥‥‥‥ 少々
オリーブオイル‥‥‥‥‥ 大さじ 2

作り方

❶ ブロッコリーは小房に分け、大きいものはさらに縦 3〜4 等分に切る。茎は根元を切って皮を厚めにむき、小さめの一口大に切る。鍋に湯 1ℓ を沸かして塩小さじ 1 1/2 を加え、ブロッコリーを入れて柔らかくなるまで 4〜5 分ゆでる。ざるに上げて水けをきり、ボールに移してマッシャーやフォークでよくつぶす。紫玉ねぎは横半分に切ってから縦に薄切りにする。

❷ じゃがいもは皮をむいて一口大に切る。鍋に入れてかぶるくらいの水を注ぎ、中火にかける。沸騰後12〜13分、竹串がすーっと通るまでゆで、湯をきって再び中火にかける。鍋を揺すりながら水けをとばし、マッシャーやフォークでよくつぶす。熱いうちにブロッコリーと玉ねぎを加え、白ワインビネガーと塩小さじ 1/3 をふって混ぜる。

❸ ソーセージは幅 7〜8 ㎜に切り、フライパンに油をひかずに入れて中火にかけ、焼き色がつくまで 2 分ほど炒める。オリーブは薄い輪切りにする。②にソーセージとオリーブ、オリーブオイルを加えてあえる。味をみて、たりなければ塩少々を加えて混ぜ、器に盛って粗びき黒こしょうをふる。

ブロッコリーとじゃがいもは別々につぶしてからあえることで、均一に混ざります。

カリフラワー

新鮮な食べ方で、ぐっと身近に。

冬

材料（2〜3人分）

カリフラワー‥‥‥‥ 1株（約250g）
片栗粉‥‥‥‥‥‥‥‥‥‥‥ 適宜
塩‥‥‥‥‥‥‥‥‥‥‥ ふたつまみ
粗びき黒こしょう、パルミジャーノ・
　レッジャーノ‥‥‥‥‥‥ 各適宜
オリーブオイル‥‥‥ 大さじ1½

切り口を片栗粉でコーティングすると、水けが抑えられて、カリッとします。

作り方

① カリフラワーは小房に分ける。鍋にたっぷりの湯を沸かし、カリフラワーを入れ、再び沸騰してから2分〜2分30秒ゆでる。ざるに上げて水けをきる。縦に幅1cmに切り、切り口に片栗粉を薄くまぶす。

② フライパンにオリーブオイルを入れ、カリフラワーを片栗粉をまぶした面を下にして並べる。塩をふって中火にかけ、こんがりと焼き色がついたら上下を返し、さっと焼く。

③ 器に盛り、熱いうちにパルミジャーノをピーラーで削ってのせる。粗びき黒こしょうをふる。

カリフラワーのソテー

⅓量で94kcal 塩分0.6g

「切ったときくずれるものがあるけれど、不規則な形がまたおいしいの。熱いうちにパルミジャーノを削って、どうぞ」

主張が強すぎず、やさしい味のカリフラワー。ゆでてから焼いたり、つぶしたり。発想をちょっと変えるだけで、新しいおいしさに出会えますよ。

「つぶしたカリフラワーの、ほわっとやさしい口どけが新鮮。パンにのせるほか、肉料理のつけ合わせにも」

カリフラワーのマッシュ

¼量で85kcal 塩分0.5g

材料(作りやすい分量)
カリフラワー‥‥‥‥ 1株(約250ｇ)
玉ねぎ‥‥‥‥‥‥‥ ¼個(約50ｇ)
バター(食塩不使用)※1‥‥ 大さじ3
塩‥‥‥‥‥‥‥‥‥‥ ふたつまみ
好みのパン‥‥‥‥‥‥‥‥ 適宜

作り方
① カリフラワーは小房に分け、大きいものはさらに縦に2つ～3つに切る。玉ねぎは縦に薄切りにする。
② 厚手の鍋に、カリフラワーと玉ねぎ、バター、水¼カップを入れてふたをし、中火にかける。煮立ったら弱火にし、25分ほど蒸し煮にし、火を止める。

③ ハンドブレンダー※2でなめらかになるまで撹拌する。塩を加えて混ぜ、味をととのえる。スライスしたパンに塗る。

※1 有塩のバターを使う場合は、塩の量を少し減らす。
※2 ミキサーやフードプロセッサーを使う場合は、粗熱が取れてから撹拌し、調味する。

皮つきのまま、力強い香りを楽しむ。

たたきごぼう

1/6量で38kcal 塩分0.4g

材料(作りやすい分量)

ごぼう・・・・・・・・・・・・・・・・・・・・・ 200g
A | だし汁(P112参照)・・・ 1/2カップ
  | しょうゆ・・・・・・・・・・・ 大さじ2
  | 酢・・・・・・・・・・・・・・・ 大さじ1
  | 砂糖・・・・・・・・・・・・・・ 小さじ2
白すりごま・・・・・・・・・・・・ 大さじ1/2
ごま油・・・・・・・・・・・・・・・ 小さじ1

きれいに仕上げたいときは、強くたたかずに、中心にひびを入れるくらいに。

作り方

❶ ごぼうは皮をたわしでよく洗い、長さ5cmに切る。太い場合は縦半分に切る。熱湯に入れ、竹串がすーっと通るまで10分ほど弱めの中火でゆでる。ざるに上げ、めん棒でかるくたたき、しんにひびを入れる。

❷ 鍋にごま油とごぼうを入れ、中火にかけてさっと炒め、全体に油がなじんだらAを加える。ふつふつしてきたら落としぶた(P7参照)をし、弱めの中火で柔らかくなるまで10分ほど煮る。火を止め、そのままさまして味を含ませる。器に盛り、すりごまをふる。

「お正月にもよく作る、箸休めの一品。一晩おくと味がなじんで、さらにおいしい」

独特の香りを満喫したいので、私は皮ごと使うのが好き。秋から冬に出回る太いごぼうは、特に力強い味わいが特徴。個性を生かしたレシピで楽しんで。

ごぼう入りハンバーグ

1人分397kcal　塩分1.9g

材料（2人分）

合いびき肉‥‥‥‥‥‥‥‥‥ 200g
ごぼう‥‥‥‥‥‥‥‥‥‥‥ 70g
玉ねぎのみじん切り‥‥‥‥ 1/4個分
パン粉‥‥‥‥‥‥‥‥‥‥ 大さじ2
牛乳‥‥‥‥‥‥‥‥‥‥‥ 大さじ2
A　卵黄‥‥‥‥‥‥‥‥‥‥ 1個分
　　（または溶き卵1/2個分）
　　しょうゆ‥‥‥‥‥‥ 小さじ1/2
　　塩‥‥‥‥‥‥‥‥‥ 小さじ1/3
　　こしょう‥‥‥‥‥‥‥‥ 少々
大根おろし、青じその葉、好みでポ
ン酢しょうゆ‥‥‥‥‥‥ 各適宜
油‥‥‥‥‥‥‥‥‥‥‥ 小さじ2

作り方

① ごぼうは皮をたわしでよく洗い、太めのささがきにする。水に5分ほどさらしてざるに上げ、水けをしっかりときる。パン粉に牛乳を加えて混ぜる。

② ボールにひき肉、ごぼう、玉ねぎ、パン粉、Aを入れ、よく練り混ぜる。2等分にし、両手で投げ合って空気を抜きながら小判形に整える。

③ フライパンに油を中火で熱して②を入れ、中央を指2本でかるく押してくぼみを作る。こんがりと焼き色がついたら裏返し、水大さじ2を加えてふたをし、5分ほど蒸し焼きにする。大根おろしは水けをかるくきる。青じそは軸を切り、せん切りにする。

④ ハンバーグの中央に竹串を刺し、出てきた肉汁が澄んでいたら、器に盛る（にごっていたらもう1～2分焼く）。大根おろしと青じそをのせ、好みでポン酢しょうゆをかける。

ごぼうは下ゆでせず、生のまま肉だねに加えて。香りがいっそう引き立ちますよ。

簡単カクテキ

1/5量で**35**kcal 塩分**0.9**g

「大根にしっかり味のたれをあえるだけのお手軽キムチ。ご飯はもちろん、お酒にも合います」

材料(作りやすい分量)
大根・・・・・・・・・・・・・・・・・・ 1/2本(約500g)
〈漬けだれ〉
　にんにくのすりおろし・・・・・・ 1かけ分
　しょうがのすりおろし・・・・・・ 1かけ分
　ねぎの粗いみじん切り・・・・・ 10cm分
　粉唐辛子(なければ豆板醤)
　・・・・・・・・・・・・・・・・・ 小さじ1～2
　しょうゆ・・・・・・・・・・・・・・・ 小さじ1
　ごま油・・・・・・・・・・・・・・・・ 大さじ1
塩・・・・・・・・・・・・・・・・・・・・・ 小さじ1

作り方
❶ 大根は皮をむいて1.5cm角に切り、塩をまぶして15分ほどおく。たれの材料を混ぜる。
❷ 大根から水が出たら、手でしっかりと絞る。たれを加えて混ぜる。

ピリ辛味の焼き肉に

材料(2人分)と作り方
❶ 牛カルビ肉(焼き肉用)200gは幅1cmに切る。酒小さじ1と塩少々をもみ込む。
❷ フライパンにごま油小さじ1を中火で熱し、牛肉を炒める。肉の色が変わったら、「簡単カクテキ」50gを加え、さっと炒め合わせる。

こんなふうに食べても

● ご飯とひき肉と炒め、炒飯に

● 鍋ものやスープの具に

● クッパにたっぷりとのせて

冬野菜のなかでもボリュームがあり、使いきれないことも多い大根と白菜。
私は塩もみにしてかさを減らし、漬けものにするのが定番です。あと一品というときにも便利。

白菜の
ゆず塩漬け

1/5量で22kcal　塩分1.4g

「これを漬けると冬・本番の気分に。
重しをし、白菜の水けをしっかり出しきるのが大事」

材料(作りやすい分量)
白菜・・・・・・・・・・・・・・・・・・・ 1/4株(約500g)
ゆずの薄切り・・・・・・・・ 1/2個分(種を除く)
昆布(5×5cm四方)・・・・・・・・・・・・・ 1枚
白ざらめ(なければ砂糖)・・・・・・ 大さじ1
塩・・・・・・・・・・・・・・・・・・・・・・・ 小さじ2

作り方
❶ 白菜は食べやすい大きさに切り、ボールに入れ、塩をまぶす。ボールの口径よりもひとまわり小さな皿と重しを順にのせ、水が出るまで1時間ほどおく。ゆずは半分に切る。昆布は細切りにする。
❷ かぶるくらいまで水が出たら、水けをしっかりと絞る。白ざらめ、昆布、ゆずを加えてさっと混ぜる。再び重しをして半日ほどおく。
●密閉容器に入れ、冷蔵で4日ほど保存可。

あつあつの小鍋仕立てに

材料(2人分)と作り方
❶ 絹ごし豆腐1/2丁(約150g)は幅1cmに切る。油揚げ1枚は食べやすく切る。
❷ 小鍋にだし汁(P112参照)1 1/2カップを沸かす。汁けをきった「白菜のゆず塩漬け」150gと①を加える。煮立ったら1分ほど煮て、好みでしょうゆなどをかけていただく。

こんなふうに食べても

●豚肉とさっと炒めて、おかずに

●刻んでひき肉と合わせ、餃子に

●白身魚の切り身といっしょに、さっと煮て

第3章
野菜＋常備食材で手軽においしく

新鮮な野菜を買い求めたら、なるべくおいしいうちに使いきりたいですよね。
「あの野菜、早く食べてあげなくちゃ」と思ったときに、
私がいつも助けられているのがキッチンや冷蔵庫にある常備食材。
卵や缶詰、じゃこ、ちくわなど……なじみのある食材たちが、
おいしい野菜料理の名わき役になるんです。
うまみのある食材の力を少し借りるだけで、ぐんと気のきいたひと皿に変身しますよ。

プラス
＋

卵で

「鶏卵も
うずらの卵も大好き。
卵があれば
野菜1種類でも安心」

ベーコン
コンビーフで

「肉加工品は、ちょっと洋風の
メニューに大活躍」

ちりめんじゃこ
しらすで

「じゃこはカリッと炒めて。
しらすはあえものに
ふんわりとのせて」

梅干しで

「さわやかな酸味と
キリリとした塩けが、
アクセントに」

かまぼこ
ちくわで

「少し加えるだけで
味に深みが出る、
頼れる存在」

にんじんのしりしり

1人分164kcal　塩分1.4g

材料（2人分）
- にんじん（大）‥‥‥‥１本（約170ｇ）
- 卵‥‥‥‥‥‥‥‥‥‥‥‥‥‥２個
- 砂糖‥‥‥‥‥‥‥‥‥‥‥小さじ１
- 塩‥‥‥‥‥‥‥‥‥‥‥‥‥‥適宜
- 油‥‥‥‥‥‥‥‥‥‥‥‥大さじ１

作り方
① にんじんは皮をむいて斜め薄切りにし、重ねて細切りにする。ボールに卵を割りほぐし、砂糖と塩ひとつまみを加えて混ぜる。
② フライパンに油を中火で熱し、卵液を一度に入れて大きく混ぜる。半熟状になったら、もとのボールに取り出す。
③ 同じフライパンににんじんを入れて、再び中火にかける。塩ふたつまみをふって炒め、しんなりしたら卵を戻し入れて大きく混ぜ、火を止める。

「沖縄の家庭料理〈しりしり〉。私は包丁で細切りにして、食感よく仕上げるのが好みです」

＋卵で

野菜を使った「卵炒め」はわが家では無限にバリエーションがあるくらい、食卓の定番。卵にはどんな野菜もやさしく包み込む、包容力があるんですよね。

小松菜とうずら卵の炒めもの

1人分141kcal 塩分1.2g

「大好きならうずらの卵を多めに入れて。最近お気に入りの組み合わせ」

材料（2人分）
小松菜・・・・・・・・・ 小1わ（約200g）
うずらの卵の水煮・・・・・・・・・ 8個
塩・・・・・・・・・・・・・・・・ ふたつまみ
こしょう・・・・・・・・・・・・・・ 少々
油・・・・・・・・・・・・・・・・・ 大さじ1

作り方
❶ 小松菜は根元を切って長さ5cmに切り、茎と葉に分ける。うずらの卵は水けをきる。
❷ フライパンに油を中火で熱し、小松菜の茎を入れて炒める。全体に油が回ったら、塩をふってさっと炒める。葉を加えて全体がしんなりするまで大きく混ぜ、うずらの卵を加えて卵が温まる程度に炒める。器に盛り、こしょうをふる。

白菜のシンプル卵炒め

1人分171kcal 塩分1.2g

「白菜のシャキシャキ感とふんわり卵のバランスがいいの。魚醤のうまみがポイントです」

材料（2人分）
白菜の葉・・・・・・・・・ 3枚（約300g）
卵・・・・・・・・・・・・・・・・・・ 2個
砂糖・・・・・・・・・・・・・・ 小さじ1½
しょうゆ・・・・・・・・・・・ 小さじ½
魚醤（P113参照、またはナンプラー）
・・・・・・・・・・・・・・・・・ 小さじ½
塩、粗びき黒こしょう・・・・・ 各少々
油・・・・・・・・・・・・・・・・・ 大さじ1
ごま油・・・・・・・・・・・・・・・・ 少々

作り方
❶ 白菜は縦半分に切ってから横に幅約1cmに切る。卵はボールに溶きほぐし、砂糖、しょうゆを加えて混ぜる。
❷ フライパンに油を中火で熱し、卵液を一度に入れて大きく混ぜる。半熟状になったら、もとのボールに取り出す。
❸ 同じフライパンにごま油を入れて中火で熱し、白菜を入れて塩をふり、2分ほど炒める。白菜がややしんなりしたら魚醤をふり、卵を戻し入れてざっと混ぜ、火を止める。器に盛り、粗びき黒こしょうをふる。

肉加工品は朝食だけでなく晩ごはんやおつまみにも役立てています。ベーコンはブロックを使うと、おかずにふさわしいボリュームに。

材料（2人分）

キャベツの葉（大）・・・・・・・6〜8枚
ベーコン（かたまり）・・・・・・・120g
塩・・・・・・・・・・・・・・・・・小さじ¼
粗びき黒こしょう・・・・・・・・・適宜

作り方

❶ 鍋に湯を沸かし、キャベツの葉を1枚ずつゆで、ざるに上げて水けをきる。ベーコンは12等分の棒状に切る。キャベツの葉はしんをV字形に切り取り、しんは薄切りにする。

❷ キャベツの葉1枚をしんを取った部分を手前にして広げ、切り口の左右を寄せて重ねる。手前にベーコン2切れとしんの⅙量をのせ、手前からひと巻きし、左右を内側に折り込んで巻く。同様に5個巻く。

❸ 口径約18cmの鍋に②の巻き終わりを下にして入れ、すきまに残りの葉を丸めて加え、ぴっちりと並べ入れる。ひたひたの水を加えて中火にかけ、煮立ったら落としぶた（P7参照）をして弱火で20分ほど煮る。塩を加え、さらに10分ほど煮る。器に盛り、粗びき黒こしょうをふる。

キャベツのしんも薄切りにして包み、無駄なく使います。

すきまなくぴっちりと鍋に並べることが、形よく作るコツ。

「これは小さいころから食べてきた、私の母の味。ひき肉入りよりずっと簡単だけれど、キャベツそのものの甘みが楽しめるんです」

うちのロールキャベツ

1人分289kcal 塩分1.8g

「味つけは、コンビーフとチーズの塩けだけで充分。長いもなど、他のおいもで作ってもおいしい」

じゃが
コンビーフグラタン

¼量で**399**kcal 塩分**1.0**g

材料（3〜4人分）
じゃがいも‥‥ 3〜4個（約500ｇ）
コンビーフ缶詰（100ｇ入り）‥1缶
生クリーム‥‥‥‥‥‥‥‥1カップ
ピザ用チーズ ‥‥‥‥‥‥‥‥70ｇ

作り方
❶ オーブンを200℃に温めはじめる。じゃがいもは皮をむき、薄い輪切りにする。
❷ コンビーフはスプーンで少量ずつすくい、じゃがいもと交互になるよう重ねて耐熱皿に並べる。
❸ 生クリームを回し入れ、ピザ用チーズをふる。200℃のオーブンで焼き色がつき、じゃがいもに竹串がすーっと通るまで25分ほど焼く。

薄切りのじゃがいもでコンビーフを少量ずつはさみ、全体に塩味をいきわたらせます。

はさんだものを立てて並べるようにすると火が均一に通りやすくなります。

プラス

＋
ちりめんじゃこ
しらすで

三浦半島に住んでから、

地元でとれるじゃこやしらすのとりこになりました。

堅干しのじゃこはカリッと炒めるとおいしく、

かま揚げしらすはそのまま野菜にのせるのが好き。

「カリフラワーは少し堅めにゆでて。
じゃこと甘酢の組み合わせは、
他のゆで野菜にもおすすめ」

カリフラワーの和風サラダ

⅓量で119kcal 塩分1.1g

材料（2～3人分）
カリフラワー‥‥‥‥ 1株（約250g）
ちりめんじゃこ‥‥‥‥‥ ½カップ
〈甘酢〉
　酢‥‥‥‥‥‥‥‥‥ 大さじ1½
　砂糖、しょうゆ‥‥‥ 各大さじ1
酢‥‥‥‥‥‥‥‥‥‥‥‥ 適宜
オリーブオイル‥‥‥‥‥ 大さじ2

作り方
❶ カリフラワーは小房に分け、大きいものはさらに縦に3つ～4つに切る。甘酢の材料を混ぜ合わせる。
❷ 鍋にたっぷりの湯を沸かし、酢（湯1ℓに対し、大さじ½程度）を加える。カリフラワーを入れ、再び沸騰してから2分～2分30秒ゆでる。ざるに上げて水けをきり、器に盛る。
❸ 別の鍋（またはフライパン）にオリーブオイルとじゃこを入れ、中火にかけて炒める。カリッとして全体が均一に色づいたら、油ごとカリフラワーにのせる。甘酢を好みの量かけていただく。

「細切りのズッキーニをさっとゆで、ほどよい歯ざわりが残るあえもの。仕上げのオイルは、ぜひたっぷりと」

ズッキーニとしらすの
レモンオイルあえ

1人分**83**kcal 塩分**1.2**g

材料（2人分）

ズッキーニ‥‥‥‥‥ 1本（約150ｇ）
かま揚げしらす（またはしらす干し）
‥‥‥‥‥‥‥‥‥ 大さじ2～3
A｜塩‥‥‥‥‥‥‥‥ 小さじ⅓
　｜レモン汁‥‥‥‥‥ 小さじ2
　｜こしょう‥‥‥‥‥‥ 少々
　｜オリーブオイル‥‥ 大さじ1
オリーブオイル‥‥‥‥‥‥ 適宜

作り方

❶ ズッキーニはへたを切り、斜め薄切りにしてから細切りにする。ボールにAの材料を順に入れて混ぜる。
❷ 鍋にたっぷりの湯を沸かし、ズッキーニを入れて20秒ほどゆで、ざるに上げる。熱いうちに①のボールに加えてあえ、器に盛る。しらすをのせ、オリーブオイルを回しかける。

れんこんとじゃこの
塩きんぴら

1人分**112**kcal 塩分**1.2**g

材料（2人分）

れんこん‥‥‥‥‥ 1節（約200ｇ）
ちりめんじゃこ‥‥‥‥ 大さじ2
塩‥‥‥‥‥‥‥‥‥‥ 小さじ⅓
酒‥‥‥‥‥‥‥‥‥‥ 小さじ2
ごま油‥‥‥‥‥‥‥‥ 小さじ2

作り方

❶ れんこんは皮をむき、縦半分に切ってから薄い半月切りにする。水に5分ほどさらし、水けをよくきる。
❷ 鍋（またはフライパン）にごま油とれんこんを入れ、弱めの中火にかける。鍋が熱くなるまでれんこんを炒め、酒と塩をふり、れんこんが透き通るまで炒める。ちりめんじゃこを加え、さっと炒める。

「れんこんは薄切りにしてシャキシャキの食感を楽しみます。塩味で白く仕上げるときれいですよ」

プラス

十 梅干しで

作り方を母から受け継いだ自家製の梅干しを、調味料代わりに使っています。
野菜だけでは平坦になりがちな料理に、メリハリを与えてくれるんです。

「暑い季節に向く、さっぱり味の煮もの。
梅干しを種ごと入れると、
うまみが出て味わい深くなります」

なすの梅煮

1/3量で30kcal　塩分1.2g

材料（2～3人分）

なす・・・・・・・・・・・・　5個（約400g）
梅干し（塩分15％前後）
・・・・・・・・・・・・・・・・　1個（約20g）
だし汁（P112参照）・・・・・　1 1/2カップ
薄口しょうゆ・・・・・・・　大さじ1/3～1/2
塩・・・・・・・・・・・・・・・・・・・・・・・・少々

なすは塩をすり込んでから水
にさらしてアクを抜き、変色
を防ぎます。

作り方

❶ なすは、へたの下のほうに包丁
を当て、ぐるりと一周浅く切り目を
入れる。切り込みを入れたところか
ら手でがくをむく。ピーラーで薄く
皮をむき、表面に塩をすり込んでか
ら水に5分ほどつける。

❷ なすの水けをきって鍋に並べ、
だし汁を注ぐ。梅干しをかるくつぶ
して種ごと入れ、中火にかける。煮
立ったら落としぶた（P7参照）をし
て弱めの中火にし、10分ほど煮る。

❸ なすに竹串がすーっと通るくら
いになったら、味をみて薄口しょう
ゆを加え、さっと煮る。火を止めて
鍋に入れたまま冷まし、味を含ませ
る。煮汁ごと器に盛る。

エリンギのねぎ梅あえ

1人分**36**kcal　塩分**0.8**g

材料（2人分）
エリンギ(小)・・・・・・　2本(約100ｇ)
梅肉(塩分15％前後)
　・・・・・・・・・　½個分(約10ｇ)
ねぎのみじん切り・・・・・・・・・　10cm分
みりん、薄口しょうゆ・・・・・　各少々
油・・・・・・・・・・・・・・・・・・　小さじ1

作り方
❶ エリンギは長さを半分に切ってから縦半分に切り、縦に薄切りにする。梅肉は包丁でたたいて大きめのボールに入れ、ねぎと混ぜ合わせる。
❷ 鍋にたっぷりの湯を沸かし、エリンギを入れて1～2分ゆで、水けをきる。熱いうちに①のボールに入れて混ぜ、みりん、薄口しょうゆを加えて味をととのえる。最後に油を加えてあえる。

じゃがいもの梅炒め

1人分**171**kcal　塩分**1.2**g

材料（2人分）
じゃがいも・・・・・・・　2個(約250ｇ)
梅干し(塩分15％前後)
　・・・・・・・・・・・・・・・　1個(約20ｇ)
オリーブオイル・・・・・・　大さじ1½

作り方
❶ じゃがいもは皮をむいて幅1cmの輪切りにし、耐熱皿に並べてふんわりとラップをかける。電子レンジで竹串がすーっと通るまで5分ほど加熱する。そのまま粗熱を取る。
❷ 梅干しは種を取り除いて包丁でたたく。フライパンにオリーブオイルを中火で熱し、じゃがいもを並べて両面を2分ずつ、こんがりと焼く。梅肉を加えてかるく炒め、全体にからめる。

「ゆでた青菜を、
のりとごま油であえて。
風味よくあえて。
中華や韓国料理の
献立にも合います」

ほうれん草の
のりあえ

1人分45kcal 塩分**0.4g**

材料（2人分）
ほうれん草‥‥‥‥ 小１わ（約200ｇ）
かまぼこ‥‥‥‥‥‥‥‥ １～２cm
焼きのり（全形）‥‥‥‥‥ ¼枚
しょうゆ‥‥‥‥‥‥‥‥ 小さじ½
塩‥‥‥‥‥‥‥‥‥‥‥‥ 適宜
ごま油‥‥‥‥‥‥‥‥‥‥ 小さじ１

作り方
❶ ほうれん草は根を切り、塩少々を加えた熱湯に根元から入れてさっとゆでる。冷水にとってさまし、水けを絞る。長さ４cmに切り、しょうゆをまぶして３分ほどおく。
❷ かまぼこは幅２mmに切ってから縦に幅１cmに切る。ほうれん草の汁けをもう一度絞り、ボールに入れる。かまぼことごま油、塩少々を加えて混ぜる。食べる直前に焼きのりをちぎって加え、あえる。

やまといもの
磯辺揚げ

1人分203kcal 塩分0.9g

作り方

① ちくわは縦4等分に切ってから幅5mmに切る。やまといもはガス台でじか火に当ててひげ根を焼き切る。洗って水けを拭き、皮ごとすりおろす。ちくわと塩を加えて混ぜる。

② のりは6〜8等分に切る。揚げ油を中温（170〜180℃。P7参照）に熱する。①の⅛〜⅙量をスプーンですくってのりにのせ、2つ折りにしてはさみ、のりの両端をつまんで油に入れる。薄く揚げ色がつくまで1〜2分揚げ、取り出して油をきり、器に盛る。好みで大根おろしを添えていただく。

材料（2人分）

やまといも（いちょういも）
　‥‥‥‥‥‥‥½本（約170g）
焼きのり（全形）‥‥‥‥‥‥1枚
ちくわ（小）‥‥‥‥‥‥‥‥1本
塩‥‥‥‥‥‥‥‥‥‥ひとつまみ
好みで大根おろし‥‥‥‥‥適宜
揚げ油‥‥‥‥‥‥‥‥‥‥適宜

「もっちり、ふわっとした食感はそれだけでごちそう。刻んだちくわ入りが好評なんですよ」

日々のごはん作りに欠かせない。 わが家の水だし

材料(水2ℓに対する分量)

かつおだし
削り節(できれば粗削りのもの)
‥‥‥‥‥‥‥ ふたつかみ(約15g)

かつお＋昆布だし
削り節‥‥‥‥‥ ひとつかみ(約8g)
昆布(15×5cm)‥‥‥‥ 1枚(約10g)

昆布だし
昆布(15×5cm)‥‥‥‥ 2枚(約20g)

いりこだし
いりこ‥‥‥‥‥‥‥ 15尾(約20g)

あごだし
焼きあご‥‥‥‥‥ 3～4尾(約25g)

作り方
容量2ℓの冷水ポットに上記の材料1～2種類を入れ、水を注ぐだけ。冷蔵庫に入れて一晩(6～12時間)おけば、水だしのでき上がりです。かつお、昆布、あごなどの材料は、気分や使う料理に合わせて使い分けています。夜寝る前や出かける前など、料理をしない時間にとる習慣をつけておくと、後が本当にラク。手間はかからないのに雑味が少なく、すっきりした味わいなのも、使いやすい理由です。

保存の目安
冷蔵で2日ほど。

「残っただし殻は」
水だしを使い終わったら、だし殻は捨てずに取り出して。鍋に入れて再び2ℓの水を加えて煮出せば、二番だしがとれます。一番だしはおひたしなど、だしそのものを味わう料理に、二番だしはみそ汁やスープ、鍋などに使うのがおすすめ。

照りとこくが段違い。
松本の濃口しょうゆ

長野県・松本市でご家族でしょうゆづくりをしている大久保醸造店さん。毎年4月～6月の限定でしぼられるのが、この濃口しょうゆです。3年醸造だけに丸みがあり、深い味わい。肉じゃがなどの煮ものに使うと、照りがきれいに出ます。うちの夫はお刺し身はこのしょうゆでないと！　と言うほど(笑)。

●紫歌仙　360ml700円／㈱大久保醸造店　☎0263-32-3154
※年に一度の限定予約販売。一部百貨店などでも取り扱いあり。

だし代わりにも。
藤沢の魚醤

野菜料理にうまみをたしたいとき、私は魚醤をだし代わりにします。魚醤はタイのナンプラーやベトナムのニョクマムの仲間なので、同じように使えます。愛用しているのは「鵠沼魚醤」。臭みはないのに、こくはばっちり。なんでも湘南・片瀬漁港で水揚げされたいわしを、新鮮なうちに塩漬けにしているそう。すべて手作業のため、生産数はかなり限られますが、見つけたら必ず買うお気に入りです。

●鵠沼魚醤　230g800円／㈲NORMA
　https://www.facebook.com/376738699098709/
※藤沢市内の限定店舗で取り扱い。詳細はFacebookを参照。

使いやすい万能オイル。
くせのない米油

ここ数年重宝しているのが、米ぬか由来のオイル。さらっと軽い風味で、野菜本来の持ち味をじゃましないのが魅力です。私は炒めものにドレッシングにと、サラダ油の代わりに何にでも使います。特に揚げものは、揚げるときの泡立ちも少なく、からりとしますよ。

●まいにちのこめ油　1500g紙パック1000円／三和油脂㈱
http://www.sanwa-yushi.co.jp/

野菜のうまみを引き立てる。
沖縄の塩

味つけの要・塩。今までさまざまなものを試しましたが、最近はもっぱらこちら。沖縄・粟国村近海でくみ上げられた海水を炊いたものです。野菜の甘みを引き立ててくれる、やさしい味。毎年仕込む自家製みそにも、娘のおべんとうの定番塩むすびにも、このお塩は欠かせません。

●粟國の塩(釜炊き)スタンダードタイプ
　500g1200円／㈲沖縄ミネラル研究所
　http://www.okinawa-mineral.com/

緑の野菜のサラダ

1/6量で108kcal 塩分0.5g

材料（4〜6人分）と作り方

❶ ブロッコリー1株は小房に分けて食べやすく切る。茎は皮を厚くむいて一口大に切る。芽キャベツ5個は縦半分に切る。キャベツ1/8個は一口大に切る。小松菜1/2わは根を切り、長さ4cmに切る。

❷ 鍋にたっぷりの湯を沸かし、塩少々を加える。芽キャベツを入れて約10分ゆでて網じゃくしで取り出し、続けてブロッコリーとキャベツを入れて約3分ゆで、同様に取り出す。最後に小松菜を入れてさっとゆで、ざるにあげる。野菜をすべてボールに移す。

❸ フライパンにオリーブオイル大さじ4とつぶしたにんにく（大）1かけ分を入れて弱火で炒める。にんにくが色づいたら、刻んだアンチョビー4〜5枚を加えて炒め、溶かす。熱いうちに②のボールに加えてあえ、味をみて塩少々を加える。

がんばらない、無理しない

いちばんおいしい
野菜の食べ方

2020年2月13日　第1刷発行
2023年7月10日　第3刷発行

発行人／鈴木善行

発行所／株式会社オレンジページ

〒108-8357　東京都港区三田1-4-28 三田国際ビル
電話／ご意見ダイヤル　03-3456-6672
販売（書店専用ダイヤル）　03-3456-6676
（読者注文ダイヤル）　0120-580799

印刷／凸版印刷株式会社　Printed in Japan

飛田和緒

ひだ かずを
東京都生まれ。2005年から三浦半島での海辺暮らしをはじめる。近所の直売所で、地元の農家さんの作った野菜を買うのが日課。シンプルでおいしく、作る人の立場に寄り添ったレシピが人気。
Instagram　@hida_kazuo

STAFF

アートディレクション／knoma

デザイン／鈴木真未子

料理／飛田和緒

撮影／広瀬貴子

スタイリング／朴 玲愛

熱量・塩分計算／本城美智子　五戸美香（ナッツカンパニー）

編集担当／谷本あや子　小栁恵理子